中国哲学社会科学
AMI 综合评价理论

AMI COMPREHENSIVE EVALUATION THEORY
IN PHILOSOPHY AND SOCIAL SCIENCES

荆林波 / 主审

王雪峰　邵艳芳 / 著

社会科学文献出版社
SOCIAL SCIENCES ACADEMIC PRESS (CHINA)

前 言

自 20 世纪 90 年代科学计量学引进以来，以定量评价为主的学术评价方式和以期刊与机构评价为重心的学术评价体系对推进我国哲学社会科学科学化、规范化和国际化发挥了重要的导向作用，对推进我国哲学社会科学快速繁荣发展做出了不可否认的贡献。与此同时，定量评价因其自身对意识形态和学术本质体现不足的先天缺陷，引发了重数量、轻质量，重形式、轻思想，重利益、轻情怀，重国际、轻本土等一系列问题，甚至出现了剽窃、伪造、篡改等学术不端行为和其他有悖学术伦理的问题。为开创哲学社会科学评价新局面，2013 年 12 月，中国社会科学院（以下简称社科院）成立中国社会科学评价中心（以下简称评价中心）。评价中心成立后便启动针对期刊和智库的评价项目，立足实践，不断探索定性评价与定量评价相结合的方式和路径，AMI 综合评价理论自此萌芽。2017 年 7 月，由中央机构编制委员会办公室批复，社科院在评价中心的基础上成立中国社会科学评价研究院（以下简称评价院）。2018 年 8 月，评价院设立评价理论研究室（以下简称理论室）以巩固、强化评价理论研究。AMI 综合评价理论研究是理论室的重要研究任务之一。至今，经过近 10 年的探索、打磨和实践检验，AMI 综合评价理论的内涵不断丰富，结构逐渐稳定，体系日趋完备。因此，我们正式推出关于 AMI 综合评价理论的专著。

本书由我提出整体研究思路和撰写要求，由理论室原副主任王雪峰统领理论室全体成员研讨、设计，并在征求其他研究室同事意见的基础上确立研究框架。王雪峰负责撰写第一、七、八章书稿，并指导邵艳芳撰写第二、

三、四、五、六章书稿。最后由我统稿、审订。值此付梓之际，我们要对多年来在 AMI 综合评价理论应用方面精耕细作的评价院同人致以由衷的感谢！尤其对期刊与成果评价研究室、机构与智库评价研究室、人才与学科评价研究室、公共政策评价研究室和评价成果编辑部同人表示感谢。没有他们的文献与材料支撑，本书无法成稿；要对始终关注、指导、支持、关怀和信任我们的社科院致以诚挚的敬意，没有组织一如既往的资助和指导，本书无法顺利出版；要对一直辛苦付出、献力献策的理论室人员致以深深的谢意，感谢理论室原成员杜思梦老师参与初期的研讨和书稿撰写，感谢理论室成员杜宏巍老师前期提供文献资料、给出写作建议，感谢理论室成员曹昭乐老师起草最初的撰写框架，感谢理论室成员王文汇老师提出修改建议；感谢长期以来默默付出的蒋颖老师，是她对理论室工作的耐心指导、坚定支持和对本书写作全过程的积极帮助给了我们持续探索和研究的信心；最后，感谢社会科学文献出版社对本书出版的支持和帮助，感谢责任编辑史晓琳老师和文稿编辑贾全胜老师对本书的精雕细琢，使得本书能够面世！

恰逢评价院成立十周年之际，本书的出版既是回顾过去，也是展望未来，希望能够为构建中国特色哲学社会科学学术评价体系献出我们的绵薄之力。诚然，我们深知 AMI 综合评价理论仍有值得进一步完善和深化之处，评价实践中也仍有需要进一步探索和解决的问题。因此，本书的出版不是结束，而是另一个开始！今后，我们将加强与评价领域同人的交流，携手互助，为推进哲学社会科学评价事业而奋斗，为加快构建中国特色哲学社会科学体系助力！

评价理论研究是一项严谨细致的工作，由于笔者水平有限，书中难免存在疏漏或差错，恳请业内前辈、专家予以批评指正；也恳请诸位读者包容海涵并予以批评指正！希望我们的研究成果能够得到大家的关注，我们将持续努力！欢迎关注"中国社会科学评价研究院"微信公众号。我们的电子邮箱是 pjylls@163.com。真诚欢迎您的联系和交流，感谢您的建议和帮助！

荆林波

2023 年 7 月 12 日

目 录

第一章

AMI 综合评价理论的缘起

哲学社会科学是人们认识世界、解释世界、改造世界的重要工具，是推动历史发展和社会进步的重要力量，其发展水平是一个国家软实力的象征。伴随中国特色社会主义建设进入新时代，中国哲学社会科学也步入突显中国特色、中国风格和中国气派阶段，在哲学社会科学评价实践中孕育了一些与之相应的评价理论。AMI 综合评价理论就是顺应新时代需要，顺应中国特色哲学社会科学健康、高质量发展需要的一个探索性的哲学社会科学评价理论。

第一节　什么是 AMI 综合评价理论

本书论述的 AMI 综合评价理论，概而言之，是以马克思主义为指导的、基于评价基础理论而构建的、具有鲜明价值导向的评价理论。具体来讲，它是运用马克思主义唯物辩证法中的系统观点、发展观点和矛盾分析法，基于哲学视域下的价值论，围绕评价主体、评价客体、评价指标、评价方法和评价成果这 5 个要素的一系列观点和方法。

A 指代"Attraction Power"，意为吸引力，反映的是与评价对象①相关的价值产生的基础；M 指代"Management Power"，意为管理力，反映的是与

---

① 为方便表述，本书中有时简称为对象。

评价对象相关的价值创造的能力；I 指代 "Impact Power"，意为影响力，反映的是与评价对象相关的价值实现的水平。① "AMI" 在形式上代表的是理论中的评价指标及其背后的评价标准，在内涵上体现的是理论的核心评价思路和评价逻辑。"综合" 概括的是理论关于评价方法的主要观点，主要指的是综合运用好定性和定量两种方法进行评价的观点，体现的是工具理性和价值理性、形式评价和内容评价相平衡的观点以及实事求是、不偏不倚地审慎处理评价中的其他矛盾关系的观念。"AMI 综合" 体现了该理论对于评价主体（含评价标准）、评价指标和评价方法等要素的主要观点，能够简明地概括理论的关键、核心思想，因此，将该理论命名为 AMI 综合评价理论。

以 "理论" 命名是出于简洁便利表述和交流的实际需要，并非指本书所论述的关于 AMI 综合评价的概念、判断、观点或体系已经非常完善和成熟。确切地说，本书所论述的内容是一种关于 AMI 综合评价的新思想、新观点和新方法，它根植于价值论，关注对象自我价值（实现自我发展）和社会价值（满足社会发展的需要）的统一，是关于构建中国特色哲学社会科学评价体系的一个探索和尝试。

作为本书的第一章，本章追根溯源。尽管名为 "缘起"，但本章不仅仅着眼于理论的产生，还着眼于过去 10 年论述理论形成与发展的背景、条件和组织基础。具体地讲，第二节论述 AMI 综合评价理论形成与发展的背景，即哲学社会科学及其评价发展进入新时期和新阶段；第三节论述 AMI 综合评价理论形成与发展的主要条件，内容涵盖（以学术评价为代表的）哲学社会科学评价的发展现状和主要问题，AMI 综合评价理论在 "问题导向" 的原则指导下形成与发展；第四节说明 AMI 综合评价理论形成与发展所依托的组织基础，主要介绍中国社会科学评价研究院（前身是中国社会科学评价中心，以下简称评价院）。

---

① 此处仅是对吸引力、管理力和影响力的简要概述，具体概念详见第四、五、六章。

第二节　AMI 综合评价理论提出的背景

中国哲学社会科学的演进和繁荣发展、中国哲学社会科学评价的发展与需求变迁是 AMI 综合评价理论孕育形成和发展的时代背景及演化动力。

一　中国哲学社会科学步入新时代

在中国，"哲学社会科学"这一术语于 1955 年提出，具有学科性与政治意识形态双重属性，现多为行政管理部门使用的概念，① 旨在强调要运用哲学尤其是马克思主义世界观和方法论来指导和推进社会主义现代化建设。② 结合当前哲学社会科学的使用语境，一般可以认为，"哲学社会科学"指代的内容与现代科学共同体常用的"人文社会科学"这一学术概念指代的内容一致，具体包含人文科学（如哲学、人类学、史学和艺术科学等）和社会科学（经济学、政治学、社会学和法学等）两大部分。③

哲学社会科学作为人们认识世界、改造世界的重要工具，是推动历史发展和社会进步的重要力量，④ 相较于自然科学，其历史性、区域性、民族性和国家性的特征更为突出，体现特定时代、特定国家的价值理念、意志和利益，具有鲜明的国家主体性，⑤ 在传承文明、咨政育人和服务社会等方面发挥重要作用。

新中国成立后，哲学社会科学受到党和国家的高度重视，走过了非凡

---

① "哲学社会科学"概念的产生受到了苏联的影响，由俄语翻译而来，并以中国科学院"哲学社会科学学部"的体制化方式存在。

② 胡海波、张章：《从"历史科学"到"中国特色哲学社会科学"——马克思主义哲学社会科学概念的演绎程序》，《南昌大学学报》（人文社会科学版）2022 年第 6 期，第 43~50 页。

③ 宣炳善：《"哲学社会科学"概念的中国语境》，《粤海风》2007 年第 5 期，第 29~37 页。

④ 《〈江泽民论有中国特色社会主义〉（专题摘编）学习辅导读本》编写组《〈江泽民论有中国特色社会主义〉（专题摘编）学习辅导读本》，安徽人民出版社，2002，第 290 页。

⑤ 刘曙光：《哲学社会科学的中国特色与中华文明的主体性》，《江苏社会科学》2019 年第 1 期，第 28~40 页。

历程。在社会主义革命和建设时期，以毛泽东同志为核心的党的第一代中央领导集体高度重视哲学社会科学，发出向科学进军的伟大号召，确立"百花齐放，百家争鸣"的科学文化工作基本方针，并在 1955 年于中国科学院成立了哲学社会科学学部。① 随后，中国科学院哲学社会科学学部先后建立了 15 个研究所，在 22 个省、自治区、直辖市共设立了 37 个哲学社会科学研究机构。② 1949~1977 年，中国哲学社会科学体系处于构建和发展阶段。

改革开放后，哲学社会科学迎来新的发展阶段。1977 年，中国社会科学院（下文简称社科院）基于中国科学院哲学社会科学学部独立成院，哲学社会科学的战略地位提升。1983 年，全国哲学社会科学规划领导小组成立。1986 年，国家社科基金设立，哲学社会科学事业有了固定的国家级经费支持。1991 年，中央决定在全国哲学社会科学规划领导小组下设全国哲学社会科学规划办公室。1992 年，邓小平南方谈话提出"三个有利于"思想，相关体制改革启动，哲学社会科学服务于改革开放伟大实践。21 世纪初，江泽民就哲学社会科学问题发表三次重要讲话③，就哲学社会科学的地位和作用等发表了一系列重要论断，阐述了社会科学与自然科学的"四个同样重要"④。2002 年，党的十六大提出"坚持社会科学和自然科学并重"。2004 年，中共中央发出《关于进一步繁荣发展哲学社会科学的意见》，明确了繁荣发展哲学社会科学的指导方针、目标和任务，提出新世纪新阶段哲学社会科学工作的纲领。党的十七大报告明确指出"繁荣发展哲学社会科学，推进学科体系、学术观点、科研方法创新，鼓励哲学社会科学界为党和人民

---

① 王京清：《繁荣中国学术 发展中国理论 传播中国思想 中国哲学社会科学 70 年的发展历程与经验启示》，《人民论坛》2019 年第 S1 期，第 6~8 页。
② 程恩富：《中外哲学社会科学发展的历史脉络》，《求是》2004 年第 22 期，第 35~38 页。
③ 指 2001 年 8 月 7 日在北戴河同国防科技和社会科学专家座谈时的讲话、2002 年 4 月 28 日在中国人民大学的讲话、2002 年 7 月 16 日在中国社会科学院的讲话。
④ 在认识和改造世界的过程中，哲学社会科学与自然科学同样重要；培养高水平的哲学社会科学家，与培养高水平的自然科学家同样重要；提高全民族的哲学社会科学素质，与提高全民族的自然科学素质同样重要；任用好哲学社会科学人才并充分发挥他们的作用，与任用好自然科学人才并发挥他们的作用同样重要。

事业发挥思想库作用，推动我国哲学社会科学优秀成果和优秀人才走向世界"。① 这一时期，中国哲学社会科学体系建设加快、成果丰硕，处于快速建设和繁荣发展阶段。

党的十八大后，中国特色社会主义进入新时代，构建中国特色哲学社会科学的新时期开启。2016 年 5 月 17 日，习近平总书记在哲学社会科学工作座谈会上指出，要按照立足中国、借鉴国外，挖掘历史、把握当代，关怀人类、面向未来的思路，着力构建中国特色哲学社会科学，在指导思想以及学科体系、学术体系、话语体系（以下简称三大体系）等方面充分体现中国特色、中国风格、中国气派，并强调中国特色哲学社会科学具有继承性、民族性、原创性、时代性、系统性和专业性的特点。② 习近平总书记的讲话提出了"中国特色哲学社会科学"这一标识性概念，拉开了构建中国特色哲学社会科学的序幕，为中国哲学社会科学的发展指明了前进方向，提供了根本遵循。2017 年 5 月 16 日，中共中央印发《关于加快构建中国特色哲学社会科学的意见》，强调创新发展哲学社会科学，坚持马克思主义在哲学社会科学领域的指导地位，加快构建中国特色哲学社会科学三大体系，建设种类齐全、梯队衔接的哲学社会科学人才队伍，加强和改善党对哲学社会科学工作的领导。2017 年，党的十九大报告再次强调加快构建中国特色哲学社会科学，并提出加强中国特色新型智库建设。2021 年通过的"十四五"规划，又一次要求发展中国特色哲学社会科学，构建哲学社会科学三大体系，深入实施哲学社会科学创新工程，加强中国特色新型智库建设。2022 年的《国家"十四五"时期哲学社会科学发展规划》和党的二十大报告同样强调了三大体系建设和人才队伍建设。总的来看，党的十八大以来，三大体系建设、新型智库建设和人才队伍建设成为当前哲学社会科学事业建设的重点。

---

① 中共中央文献研究室编《深入学习实践科学发展观活动领导干部学习文件选编》，中央文献出版社、党建读物出版社，2008，第 319 页。
② 《习近平在哲学社会科学工作座谈会上的讲话全文发表》，2016 年 5 月 19 日，央广网，http：//news. cnr. cn/native/gd/20160519/t20160519_522178374. shtml，最后访问日期：2022 年 3 月 26 日。

这样，中国特色哲学社会科学步入提升国际话语权，为中国特色社会主义伟大实践提供人文支撑，增强文化自信、理论自信、道路自信和制度自信，增强文化自觉和理论自觉的新阶段。

在党和国家的支持和引领下，新时代哲学社会科学焕发出勃勃生机，逐渐显示出中国特色、中国风格、中国气派。在理论研究上，深入实施马克思主义理论研究和建设工程，建设了一批习近平新时代中国特色社会主义思想研究中心。在学风建设上，大力弘扬新时代科学家精神，深入推进科研诚信建设制度化，完善政策法规体系，人才队伍素质提升。在三大体系建设上，学科发展体系逐步完善，学术研究成果丰硕，学术外交和学术外宣工作持续推进，三大体系建设成效显著。在服务功能上，以研究重大理论和实践问题为主攻方向，实施国家高端智库建设计划，对党和国家大局的服务能力不断提升。在管理体制上，积极探索开展科研"放管服"改革，扩大高校、科研机构自主权，深化科研项目评审、人才评价和机构评估改革。[①] 在新时代哲学社会科学繁荣发展、服务中国特色社会主义现代化建设的大背景下，哲学社会科学评价在科学规范的基础上也加快了向质量引领转变的深化变革，这为 AMI 综合评价理论的形成和发展提供了丰厚的实践土壤。

二　中国哲学社会科学评价展现新局面

哲学社会科学评价是哲学社会科学事业的重要组成部分，是推动科研管理创新，优化研究资源配置，构建现代科研管理制度，促进哲学社会科学繁荣发展的重要内容。狭义上，哲学社会科学评价指哲学社会科学研究评价，与常用的"学术评价"一词内涵一致，具体内容指以哲学社会科学研究活动为核心的成果评价、人员评价、机构评价和项目评价等;[②] 广义上，哲学社会科学评价包含哲学社会科学领域内的一切评价，除学术评价外，还有道德评

---

① 王京清：《推动新时代哲学社会科学高质量发展》，《人民论坛》2020 年第 32 期，第 6~9 页。
② 邱均平、谭春辉、任全娥等：《人文社会科学评价理论与实践》（上），武汉大学出版社，2011，第 233~235 页。

价、审美评价、功利评价等非学术评价，本书采用哲学社会科学评价的狭义内涵。① 事实上，哲学社会科学评价不仅是哲学社会科学事业的一部分，也是促进哲学社会科学事业发展的一个重要手段和措施，主要理由有以下三个方面。一是科学研究评价能够判断小到研究人员的研究能力、研究项目的研究质量，大到研究机构、学科领域的发展状况和发展水平，进而有助于实现有限资源的重点、高效配置，降低科学研究决策的盲目性和随意性。这是科研评价的"显示器"作用，也有学者称之为评价的判断功能或决策功能。二是借助科研评价可以实现对学术共同体的社会控制，公开、公平、公正的评价能够鉴别学术真伪，规范学术活动，创造健康向上、风清气正的学术环境，这就是科研评价的规范功能。② 三是科研评价很大程度上体现着评价者的价值观，其评价目的、评价理念和评价程序设计本是评价者意志的体现，对学术研究的发展有着直接的引导和定向功能。这就是科研评价的导向功能，③ 或曰"指挥棒"作用。这是科研评价工作最为重要、处于核心地位的作用。

自新中国成立到 20 世纪 70 年代中后期，哲学社会科学评价在服务政治稳定与社会主义建设方面发挥了重要的作用，备受党和国家领导人的重视。受当时国际环境约束，围绕社会主义建设目标逐步确立了政治引领的以行政考核为主的学术评价方式。在这一阶段，我国哲学社会科学活动处于高度政治化状态，结合当时特定的世情、国情和社情，政治引领的以行政考核为主的学术评价方式具有较强的合理性；但随着经济社会变革的推进和时代对哲学社会科学事业发展的需要，哲学社会科学评价方式也在不断发展演变。

从改革开放启动到 20 世纪 90 年代中后期，为适应"尊重知识、尊重人才"和经济社会稳步变革的需要，中国哲学社会科学在恢复和重建的同时也开始向学术性回归。同行评议是学术界进行学术评议的一种基本方法，也是控制和保证学术质量的一种重要方法和保障学术评价科学化和民主化的一个重要环节。20 世纪 80 年代，我国逐渐恢复职称制度和科技奖励制度，设立科

---

① 对于广义上的哲学社会科学评价，本书用"哲学社会科学领域内的评价"来表述。
② 裴长洪主编《美国人文社会科学现状与发展》，社会科学文献出版社，2001，第 391 页。
③ 蔡毅：《建立一套良好的学术评价体系》，《学术界》2003 年第 6 期，第 58~72 页。

研项目，以同行专家评议为主的科技评价迅速兴起，① 成为学术评价的主要方式。哲学社会科学评价也从以行政考核为主的评价方式向以同行评议为主的评价方式调整和转变。这一时期，我国学术界借鉴国际学术界普遍采用的做法，纷纷成立了学术委员会，建立了同行评议机制。这样，以同行评议为主的学术评价逐步取代了以行政考核为主的学术评价，同行评议在哲学社会科学评价中也处于主导地位，为这一时期中国哲学社会科学繁荣和发展做出了重要贡献。

伴随"科教兴国战略"的提出和推进，我国科研投入快速增加，学术科研事业发展加快，学术队伍迅速壮大，学术成果日渐丰硕，科学管理和绩效管理水平提升，对学术评价的公平公正要求增强。与此同时，同行评议因其自身具有主观性、倾向性，成本高，且存在利益冲突、马太效应和权力滥用的缺陷，难免受人情、行政、利益等因素的影响，出现有违公平、公正甚至抑制学术创新的现象。在学术评价实践中，同行评议因其自身缺陷引起的学术评价失真问题日益让学术界感到失望，也引起学术管理部门的不满。为克服同行评议存在的弊端，减少人为主观因素的干扰，科学引文分析等文献计量工具被引进并被科学界逐渐接受、广泛引入评价机制。② 在此期间，《中文核心期刊要目总览》、《中国人文社会科学核心期刊要览》（已被评价院《中国人文社会科学期刊 AMI 综合评价报告》取代）、《中文社会科学引文索引（CSSCI）来源期刊目录》等相继推出，逐步成为学科建设、科研管理、人事人才乃至资源分配等服务绩效考核的量化工具。这样，以文献计量为基础的定量评价被引入，且因其客观、公正和便于操作，很快被学术机构和科研管理部门接受并广泛应用且逐步上升到主导地位。

党的十八大以来，量化评价引发的重数量、轻质量，重投入、轻产出，

---

① 查自力、樊秀娣、朱晨光：《为何学术同行评议反而不专业？——"科学伪装"的制度逻辑》，《江苏高教》2023 年第 1 期，第 7~16 页。

② 周鹏、张敏、郭胜伟：《中国科研评价的历史沿革、现状及对策分析》，《管理观察》2016 年第 32 期，第 173~176 页。

重科研、轻育人，学术泡沫、学术造假、学术失信等违背学术发现和创新本质的一系列问题，严重制约了哲学社会科学的创新和高质量发展，对哲学社会科学生态产生了严重的负面影响。2016年5月，习近平总书记在哲学社会科学工作座谈会上的讲话明确指出，要按照立足中国、借鉴国外、挖掘历史、把握当代、关怀人类、面向未来的思路，着力构建中国特色哲学社会科学，"在指导思想、学科体系、学术体系、话语体系等方面充分体现中国特色、中国风格、中国气派"。① 为了适应新时代的新要求和建设新时代中国特色社会主义建设需要，党中央、国务院和相关政府部门制定出台了一系列以创新和高质量为导向，加快构建中国特色哲学社会科学评价体系的政策，确立了"中国特色"导向、服务新时代中国特色社会主义建设的目标和建设要求。2017年5月，中共中央印发的《关于加快构建中国特色哲学社会科学的意见》要求"构建具有自身特质的学术评价体系，坚持正确的学术导向，以学术质量、社会影响、实际效果为衡量标准，建立科研信用管理、评价结果公布等制度，建立健全分类评价机制，科学设置考核周期，引导教学研究人员潜心钻研、铸造精品"。② 2018年7月，国务院印发的《关于优化科研管理提升科研绩效若干措施的通知》要求开展"唯论文、唯职称、唯学历"问题集中清理工作，实行科研项目绩效分类评价，并加强绩效评价结果的应用。"唯论文、唯帽子、唯职称、唯学历、唯奖项"专项治理行动的开展，以及中共中央办公厅、国务院办公厅2018年发布的两项关于人才评价的文件，也对持续深化和改进哲学社会科学研究评价具有指导意义。这样，中国哲学社会科学评价进入构建中国特色评价体系，引领中国特色哲学社会科学高质量发展的新阶段。

党的十八大以来，在党和国家的高度重视和领导下，关于哲学社会科学评价的政策频出。总结政策特征可知，在评价目标导向上，政策要求构建中

---

① 《习近平谈治国理政》（第三卷），外文出版社，2023，第338页。
② 《中共中央印发〈关于加快构建中国特色哲学社会科学的意见〉》，2017年5月16日，中国政府网，http://www.gov.cn/xinwen/2017-05/16/content_5194467.htm，最后访问日期：2019年12月17日。

国特色哲学社会科学评价体系，始终坚持马克思主义的指导地位，贯彻落实习近平新时代中国特色社会主义思想，加强党的领导，立足中国实际，以服务人民为导向，结合中国实际问题，开展哲学社会科学及其评价建设工作，求真务实，服务新时代社会实践。在评价内容上，政策要求愈来愈注重评价对象的内容和质量，重视成果的原创性、创新性及实际价值评价，重视哲学社会人才（育人和用人）的综合素质评价，建立分类评价机制，尊重不同学科研究规律和人才成长规律。在评价对象和思路上，政策要求以高校为突破口，侧重以评促建，注重需求导向，聚焦服务贡献，探索分类评价，引导特色发展。① 高等院校作为哲学社会科学五路大军之一，对哲学社会科学评价工作的破旧立新发挥着重要的支撑作用，比如，高校在人才的培养、评职评级、人才任用、学科评价、成果评价等方面都在"破五唯"的同时进行了"立新标"的积极尝试。在评价方式上，政策要求优化评审管理机制，逐步建立中长期绩效评价制度，规范评价成果应用。在人才评价方面，政策要求以"破四唯""立新标"为抓手，持续深入推进职称评审改革，逐步破解职称评审中的"一刀切"、简单化问题。② 在项目评价方面，政策要求科研项目评审管理机制进一步优化，指南编制和发布机制逐步完善，评审质量和效率提高，项目成果评价验收严格落实。③ 在学术成果评价方面，2020 年12 月教育部出台的《关于破除高校哲学社会科学研究评价中"唯论文"不良导向的若干意见》明确为高校学术研究评价划出"十不得"底线，要求各地各高校组织"唯论文"问题专项整治，规范成果评价以及运用，提倡

---

① 《教育部　财政部　国家发展改革委关于印发〈"双一流"建设成效评价办法（试行）〉的通知》，2020 年 12 月 15 日，中国政府网，http：//www.gov.cn/zhengce/zhengceku/2021-03/23/content_5595085.htm，最后访问日期：2023 年 2 月 28 日。

② 《人力资源社会保障部办公厅关于进一步做好职称评审工作的通知》，2022 年 11 月 30 日，中国政府网，http：//www.gov.cn/zhengce/zhengceku/2022-12/24/content_5733407.htm，最后访问日期：2023 年 2 月 28 日。

③ 《中共中央办公厅　国务院办公厅印发〈关于深化项目评审、人才评价、机构评估改革的意见〉》，2018 年 7 月 3 日，中国政府网，http：//www.gov.cn/zhengce/2018-07/03/content_5303251.htm，最后访问日期：2023 年 2 月 28 日。

多维度评价，突出质量导向、内容导向。① 此外，随着学科评价推进、科研诚信和学风建设加强、评价交流（论坛、会议的举办）增加、信息支撑平台加固等，哲学社会科学评价各项工作全面推进。

在新时代一系列哲学社会科学新政的推动下，中国哲学社会科学评价工作进入新阶段，获得新发展，呈现新局面。评价领域一些不良风气和现象得以纠正，质量意识、分类意识、综合评价意识、学风净化意识、学术创新意识不断增强。评价方法趋向定性和定量的结合，对定量评价方法的认知逐步回归理性，综合评价日益成为评价工作的主要趋势。评价标准更加客观公正，分类思想渗入学科、项目研究和岗位等各方面，对于项目评审、人才评价、机构评估等具体评价实践产生重要影响。评价管理去行政化，评价程序精简规范，过程更加公开透明，评价的管理制度更加完善，第三方等专业评价机构的成立推动了成果评价体系的建立，相关政策和文件之间紧密联系、层层递进，相关工作有序开展，政策落实得以保障。这推进了中国哲学社会科学评价由计量科学主导的量化评价向突显中国特色引领的质量为本、创新至上、立足本土、服务人民的多元综合评价阶段转变。这种转变为 AMI 综合评价理论的提出和形成提供了优良的评价政策环境和评价实践场景。

第三节　AMI 综合评价理论提出的条件

在新时代背景下，树立问题意识、坚持问题导向是开创事业发展新局面的必然要求。新需求蕴含新问题，新问题推动新实践，新实践孕育新理论。中国哲学社会科学评价发展现状及其存在的问题是 AMI 综合评价理论形成与发展的主要条件。

---

① 《教育部印发〈关于破除高校哲学社会科学研究评价中"唯论文"不良导向的若干意见〉的通知》，2020 年 12 月 7 日，中国政府网，http://www.gov.cn/zhengce/zhengceku/2020-12/15/content_5569588.htm，最后访问日期：2023 年 2 月 28 日；《国务院办公厅关于完善科技成果评价机制的指导意见》，2021 年 7 月 16 日，中国政府网，http://www.gov.cn/zhengce/content/2021-08/02/content_5628987.htm，最后访问日期：2023 年 2 月 28 日。

一 中国哲学社会科学评价发展现状

20 世纪 90 年代以来，伴随中国哲学社会科学的繁荣和快速发展，中国哲学社会科学评价也得以孕育和快速成长，主要表现为形成了一批有影响力的评价机构，推出了一批有影响力的评价产品，产生了一批有影响力的学术评价研究专家，打造了一批学术评价研究成果发表载体。[1] 在评价机构方面，北京大学图书馆、中国社会科学评价研究院、南京大学中国社会科学研究评价中心、中国科学院文献情报中心、教育部教育质量评估中心（原教育部高等教育教学评估中心）、中国科学文献计量评价研究中心、武汉大学中国科学评价研究中心、中国人民大学人文社会科学学术成果评价研究中心、中国人民大学评价研究中心等国内学术评价机构相继成立。在学术评价成果方面，自 1992 年北京大学图书馆等推出《中文核心期刊要目总览》以来，中国社会科学院文献信息中心研制的《中国人文社会科学核心期刊要览》（被评价院研制的《中国人文社会科学期刊 AMI 综合评价报告》替代）、南京大学中国社会科学研究评价中心《中文社会科学引文索引（CSSCI）来源期刊目录》、武汉大学中国科学评价研究中心《中国学术期刊评价研究报告》、中国人民大学人文社会科学学术成果评价研究中心《复印报刊资料》重要转载来源期刊、清华同方中国知网的《中国学术期刊影响因子年报（人文社会科学）》等相继推出。在评价人才方面，依托上述评价机构形成了融合科研管理、期刊编辑、学科专家的多元化评价研究队伍，培育了一批有影响力的知名专家学者。伴随学术评价研究队伍的壮大，《中国社会科学评价》于 2015 年创刊，传统学术媒体也开始设立学术评价专栏，一批支撑服务学术评价的数据库得以逐步建立并完善。中国哲学社会科学评价的发展促使其在哲学社会科学体系

---

① 姜春林：《学术评价：研究成效、问题与治理体系建设》，《西南民族大学学报》（人文社科版）2016 年第 5 期，第 230~234 页。

中的地位快速上升，"三大核心"① 产生并成为管理部门和学界关注的热点。作为学术资源分配和学术管理的基础和抓手，因时代需求的变化，中国哲学社会科学评价已上升到国家层面，且因党和国家的高度重视，成为构建中国特色哲学社会科学体系需要重点关注的重要内容之一。

二　中国哲学社会科学评价存在的问题

中国哲学社会科学评价是学术资源分配和学术管理的基础和核心，是国家行政权力部门寻求科学和客观评价学术成果的依据和重要抓手，② 更是中国特色哲学社会科学繁荣发展的"风向标"和"导向仪"。当前，在构建中国特色哲学社会科学体系的形势和要求下，中国哲学社会科学评价面临以下需要克服的问题。

（一）评价理论研究不够

国内原创性评价理论缺乏。当前，哲学社会科学评价不但决定着学术资源的配置，还关系着学术秩序的稳定和学术生态的平衡，因而它对哲学社会科学的繁荣和发展具有很强的导向作用，其内在蕴含的政治选择、经济发展和社会稳定价值的重要性不言而喻。哲学社会科学评价在本质上是依据特定社会的学术准则和规范来判断哲学社会科学发展与社会需求的价值一致性，进而预测和引导哲学社会科学的发展方向。哲学社会科学评价有其自身的特点和规律，它有基于自身学术伦理且与其经济社会价值体系相适应的理论体系。中国哲学社会科学评价在评价基础理论方面，无论是早期引进的同行评议还是当前盛行的基于科学计量的定量评价，其理论基础都来自西方学界。不可否认，中国现有的哲学社会科学评价理论和评价体系均源自外部，内部原创性评价基础理论研究较弱，多属于引进应用型。譬如，揭示科学生产率

---

① 一般是指由北京大学图书馆等单位制作的《中文核心期刊要目总览》、中国社会科学院中国社会科学评价研究院制作的《中国人文社会科学期刊 AMI 综合评价报告》以及南京大学中国社会科学研究评价中心制作的《中文社会科学引文索引（CSSCI）来源期刊目录》。

② 张耀铭：《学术评价的异化与重建》，《首都师范大学学报》（社会科学版）2020 年第 6 期，第 1~6 页。

频次的洛特卡定律，揭示学术期刊中论文集中与离散的布拉德福定律和揭示科技论文词频分布的齐普夫定律。这三大定律奠定了科学计量学定量评价的理论基础，但都是外源性的评价基础理论。多年来，在西学东渐和基于计量科学定量评价思维与方法的引入和运用下，中国哲学社会科学评价渐趋科学化和规范化，这在一定程度上推动了中国哲学社会科学的快速发展，使其日趋成熟并迅速融入国际学术体系。

理论研究力度不够。首先，国内学界对评价理论的研究更多是针对某一类型评价（如学术评价）的研究，较少从哲学社会科学全领域进行基础性评价理论研究，特别是聚焦中国特色哲学社会科学，结合概念、逻辑机理和体系等展开的系统的基础理论研究更少。① 其次，学界对评价理论的研究多是针对某一个学科（如语言学、教育学）进行评价理论分析，而从多学科、跨学科、多视角进行综合研究的学者还比较少。再次，理论研究注重分析某一类评价对象（如科研成果、科研项目等），而对课题研究、学科建设、学术机构、科研经费、社会科学管理与发展政策等对象进行系统研究的相对较少。② 最后，在研究精度和深度上，目前研究者开展深入细致的实证研究的少，研究深度亟待加强，以实证研究为基础的深入的理论分析与概括更少，对实际问题研究缺乏理论深度的思考。特别是对一些基本的概念认识模糊，表述混乱，如对质量与数量、内容与形式关系的理解有些简单、机械（想要离开形式评内容、离开数量评价质量）。③

究其上述问题背后的原因，一方面，是哲学社会科学的复杂性、多样性和创造性，导致在一些问题上很难在短期内产生原创性理论成果，哲学社会科学很难"研究"出相对统一的"答案"，遑论在其评价原则、标准等评价

① 曹昭乐：《构建中国特色哲学社会科学评价理论体系：研究现状、现实难点与突破路径》，《南京财经大学学报》2020 年第 5 期，第 68~77 页。
② 孙晶：《人文社会科学评价理论与实践评析》，袁振国主编《中国教育政策评论（2007）》，教育科学出版社，2007，第 117~128 页。
③ 杜向民等：《高校人文社会科学评价理论与方法研究》，中国社会科学出版社，2018，第 11 页。

实践方面形成相对统一的认知。① 另一方面，是目前哲学社会科学评价仍面临更现实、具体的问题有待解决，学者们的研究重点更多集中于具体的评价问题（如成果评价、人才评价等），从而对评价理论的上位概念、逻辑机理的关注度不高，理论研究的整体意识、系统意识不够强；尤其是根据中国实际，构建体现中国特色、中国风格、中国气派的评价理论的意识较弱。此外，当前研究评价的学者多出身情报学、管理学、哲学、教育学等专业，这些学者对于评价问题的研究受自身专业的影响较大；而评价学目前还未成为一门独立的学科，尚未形成专业的人才队伍、评价学学术共同体，更没有培养评价专业人才的能力。

以上种种问题的存在最终使当前对评价理论的研究不够系统、全面和深入。评价理论研究偏弱不利于对哲学社会科学评价达成一般性共识，以至于在哲学社会科学领域内至今也没能形成一套公认的评价准则或评估体系。尽管叶继元学者在多年研究和实践的基础上提出了基于"六大要素"、"三个维度"和"八条推论"为核心的学术全评价体系，也有一些学者正在研究和构建新的哲学社会科学评价体系，但无论是"全评价体系"还是正在构建的其他评价体系，其影响力都还很有限，且其中国特色价值的导向效应仍有待实践检验和时间检验。

（二）评价实践问题多发

1. 关于评价方法

自 20 世纪 90 年代基于科学计量学的定量评价引入国内以来，源自西方自然科学的定量评价因其操作简单、便捷高效，逐步被学界和科研管理部门接受并予以广泛应用，成为一种最重要的学术评价方法。在学术界，学术定量评价通常的做法就是将论文、著作、报告等学术成果的发布载体划分为不同的等级，将项目和奖励等学术活动也划分为不同等级，然后根据等级的差异对学术成果和学术活动进行赋值测算。其后，科研管理部门依据定量测算的评价结果对项目、活动及科研人员（人才）进行考核和奖惩。这样，在

---

① 陈颖：《我国哲学社会科学评价的现状及出路》，硕士学位论文，湘潭大学，2014，第 14 页。

计量定量评价模式下，学位授予、职称评定、职位晋级、绩效奖励、资源配置等都与学术成果等级和数量密切相关。

计量定量评价与绩效考核挂钩，致使学术论文数量成为获取学术资源、提升学术地位的重要筹码。从管理激励的积极效应来看，它激励着学者、学术机构多发论文、多出学术成果，发挥了优化资源配置、激励研发效率的功能。从管理激励的负面效应来看，它使学者、学术机构迫于评价和考核的压力，有时不得不将尚需打磨的学术半成品急急发表或为了完成任务故意炮制出一些应景的学术成果，而学术思想和学术创新却被冷落，以致产生了重数量、轻质量，有悖学术本质的功利性行为。更有甚者，一些科研人员为了业绩和荣誉，不惜将做科研的时间和精力用来拉关系做公关，以便发表论文、拿到项目和获得奖项，这使学术评价演变成数字游戏般的功利性的名利场；至于学术成果质量如何，同人及社会如何评价，甚至后人如何评价基本无暇顾及，更不要说"文章千古事，得失寸心知"的学者风骨。在量化评价和绩效考核挂钩的情况下，学术评价的学术价值和社会价值导向弱化。这主要表现为，对学术的绩效考核引致学界部分学者失去从学的初心并向现实低头，催生了"唯论文"数字游戏和哲学社会科学的虚假繁荣，形成了"有数量缺质量、有专家缺大师的状况"，[①] 也催生了学术泡沫和各种学术不端行为，偏离了学术思想创新和服务人民、服务社会需求的学术本质。

2. 关于评价指标

评价指标的设置有待改进。一是指标设计简单化、片面化，当前学术评价常以其简单的成果（论文、著作、报告等）发表数量、项目数量、项目经费数和研究人员数量、引文数据和各类等级等作为主要指标，存在指标简单化、片面的现象。指标片面化于现实中的突出表现是"唯"现象突出，即唯论文、唯职称、唯学历等问题严重。二是指标反映的内容不够全面，评价指标对于评价对象的特征和运行规律的契合程度不高，存在模糊的"大

---

① 《习近平在哲学社会科学工作座谈会上的讲话全文发表》，2016 年 5 月 19 日，央广网，http://news.cnr.cn/native/gd/20160519/t20160519_522178374.shtml，最后访问日期：2022 年 3 月 26 日。

学科"评价机制，未能基于对象的特征、运行规律设置特色性、全要素、全过程的指标。《中国教育发展报告（2016）》显示：超过50%的教师认为当前评价指标设置不合理。[①] 尽管该问题源自一定的客观因素，如学术评价的对象内容本身具备一定的抽象性以及评价时间和成本的约束，设定更易量化、更为简洁的指标是必要的，但主要原因在于评价者对评价的复杂性的认识和重视度不够，过度追求评价的可操作性。指标设定的问题与评价方法的问题共同作用，最终进一步导致人们追求数量而忽略质量，诱发短期逐利行为，加大学术泡沫。

3. 关于评价话语

进入 21 世纪以来，在学术规范、开放和对标国际的学术发展环境与趋势要求下，定量评价和"以刊评文"因其简单且可比性强成了学术评价的重要工具。我国哲学社会科学起步较晚，优秀传统文化和现代哲学社会科学结合尚不够密切，学术体系性、规范性建设尚在进行，当前的学术国际化是为了适应经济社会改革开放和国内外交流增多的需要而推进的。在国际化推进过程中，哲学社会科学与其他领域一样，在自身学术自信还没有建立的情况下，学者们期望得到国际同行认可的诉求强烈，自然就将"西方化"理解为"国际化"。与此同时，在学术评价领域，我国的学术评价理论和方法多是对西方评价理论与方法的借鉴和应用，原创性较少，基本是以西方的标准为标准，形成了脱离本土的西化等同于国际化的局面。中国哲学社会科学评价领域长期重引进应用、轻创新发展，造成了重国际化、轻本土化，重数量、轻质量，重载体、轻内容等诸多外显问题，而内在深层问题则是中国特色的评价基础理论研究偏弱、本土化不足、中国特色价值导向不强。这也是中国哲学社会科学本土特色标准缺失引致的"有理说不出、说出传不开"的根源所在。

在量化可比的国际化评价导向下，来自国外的 SCI、EI、SSCI 等国际检索工具也超越国内检索工具成为衡量学术成果质量的优先标准和考核奖励标准。在这样简化的国际优先的量化评价导向下，国内学术成果传播平台处于

---

① 杨东平主编《中国教育发展报告（2016）》，社会科学文献出版社，2016，第 251 页。

尴尬的境地。理论上，中国哲学社会科学研究应以全球的视野，立足于中国的国情、社情和民情来研究中国和全球的问题，为中国发展提供思想，丰富中国文化，造福中国百姓；为世界贡献中国思想、中国智慧和中国方案。事实上，在简单量化的国际标准优先的评价导向下，中国部分精英学者对国际标准的过度遵循，对本民族、本国家的价值内涵关注度不够，对中国经济快速发展、社会变迁所折射的制度优势、文化价值和意识形态的价值挖掘和研究重视度不够，致使中国智慧、中国主张、中国经验和中国方案传播不够广、国际接受度不够高、在国际上的话语权依然较弱。

更有甚者，国内一些领域内的部分工作者或许是为了"走向国际"，多次出现迎合西方价值和审美、丑化国人形象的事件。[1] 少数国内学者为追求在国际期刊上发表文章，以"负面声音好发表"心态迎合国际少数期刊和媒体刻意矮化中国的做法，[2] 使贫穷、落后、制度不完善、机制不健全等关键词成为国际刊物的中国学术标签，制约了中国智慧、中国思想、中国价值、中国主张的传播，也有悖我国知识分子"为天地立心，为生民立命，为往圣继绝学，为万世开太平"的志向和传统。为此，2020 年教育部出台文件明确学术底线要求：不得为追求国际发表而刻意矮化丑化中国、损害国家主权安全发展利益。进入新时代，世界多极化趋势已势不可挡，霸权主义、地方保护主义等因素使国际形势波谲云诡，随着我国对外开放的深化和外部势力的有意侵入，哲学社会科学因其不可避免的意识形态属性而有着天然的价值导向性，哲学社会科学评价更应加强价值导向性。对其领域内人员的价值取向的关注度不高，评价实践中本民族价值意识弱，长此以往，不利于构建中国特色哲学社会科学和推进中国特色社会主义现代化。

此外，评价实践方面也存在一些其他问题。如评价主体方面，在一些评价活动中有时会存在评价主体缺位问题，即评价对象（被评价的对象）与

---

① 《"眯眯眼"再引争议 还有几个追问值得深思》，2021 年 12 月 28 日，央广网，http：//news. cnr. cn/comment/cnrp/20211228/t20211228_525701136. shtml，最后访问日期：2022 年 4 月 16 日。

② 晋浩天、唐芊尔、杨飒：《"十不得"能否根治"唯论文"痼疾》，《光明日报》2020 年 12 月 17 日，第 8 版。

评价受托方重叠导致的评价主体实质上不存在。评价主体缺位的原因常常是评价制度存在漏洞。还有一些高精度评价活动的评价主体错位，即评价对象不是评价主体熟悉的专业领域，错位的原因在于依靠现有评价"技术"选不出合适的评价主体，进而出现外行评内行、大学科口径下的评审专家遴选等现象。[1] 此外，评价目的意识较弱，对评价目的的认识不清、关注不够，使得评价目的对于评价实践的指导作用未能切实、充分发挥。如学术评价的一个重要目的在于，通过评价引导科研人员产出高质量的科研成果，然而对评价目的的关注度不够，评价目的对于评价实践的指导性不强，使得现实的评价实践对学术成果内容和质量关注度不够，过度依赖量化评价方法，过度关注成果的数量、成果的形式性影响力（引文数据），而未探索以内容为根本、兼顾数量的定性方法与定量方法的良好的平衡和综合，引发"重数量、轻质量"的不良风气。评价数据方面，存在信息获取不全及信息处理不够深入的问题，比如针对人员、项目、机构等评价对象的数据库建设工作相对滞后，而现有索引数据库的支持分析功能不够强，深入分析、比较、挖掘的附加功能和指标的开发有待加强，适应哲学社会科学特征的计量指标有待研发。[2] 这类问题多为客观因素导致，其解决需要技术进步的支撑，同时也要增强建立和研发意识。上述问题危害评价结果的公正性和客观性，值得我们密切关注并于实践中探索调整、改进的方法。

（三）机制体制有待完善

学术评价体制指的是学术评价组织制度，是进行学术评价的有关机构和管理规范的结合体或统一体，是科研体制的一部分，派生于学术管理、研究与应用过程。进行学术评价的主体主要有三类：行政管理部门、学术界（以学术共同体为代表）和社会有关部门。这三类主体的评价活动并不是截然分开的，而是有着比较复杂的交叉关系（见图1-1）。[3] 在理论上，学术界的评价（学术性评价）重在把握对象的学术价值和学术的科学性；行政

---

① 杜向民等：《高校人文社会科学评价理论与方法研究》，第7页。
② 邱均平、谭春辉、任全娥等：《人文社会科学评价理论与实践》（上），第160页。
③ 卜卫、周海宏、刘晓红：《社会科学成果价值评估》，社会科学文献出版社，1999，第3页。

管理部门的评价（行政管理性评价）重在优化资源分配格局，保证资源使用效率，激励有效学术活动和高质量学术成果产出；社会其他部门的评价（社会性评价）重在把握学术成果的社会价值，关注学术活动的社会收益，实现学术成果的社会性转化。前二者在学术评价上的共通之处在于均含有促进思想创新和知识增长的意味，后二者在学术评价上的共通之处在于均关注学术研究活动及其活动成果的社会性价值。不过，值得注意的是，决定学术性评价、社会性评价的主要因素相对明确，分别为学术价值和社会价值，但是，影响行政管理性评价的要素相对复杂，评价要具有相对的可操作性以实现管理效率，同时要平衡好内容（学术价值和社会价值）和数量的关系以实现公平公正，在国家层面，还要综合大局观念、宏观战略和长远眼光，综合评价对象的各项价值，对学术资源进行战略性部署、决策和配置。

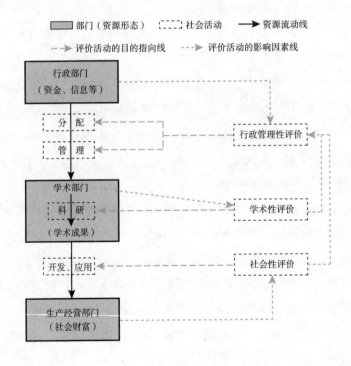

图 1-1　学术评价体制

当前，学术评价在体制方面的问题主要表现为行政管理性评价主导了学术性评价。在行政管理主导模式下，行政管理部门几乎把控了所有学术资源、权力，一些更适于考核量化的指标（如成果数量）被用于学术性评价，学术自身的创造性和思想引领性被弱化。对评价对象的学术价值关注度的降低，不但造成了以数量代替质量、以形式代替内容的学术功利化行为和学术浮躁化问题，还造成了学术性评价行政化、畸形化，滋生"官本位"思想，产生了一些身兼数职的学术官僚、学霸，他们易结成利益共同体，以致评价权力异化，出现学术评价集团利益化问题。① 在评价机制方面，整体上缺乏整体规划和制度性细化要求。譬如在人才分类评价方面存在岗位分类粗放、不同学科评价指标的差异性不明显的问题。② 在学科评价方面，一些交叉学科学术成果评价仍存在盲区。③ 再如，评价程序和管理不够规范，标准不够透明，过程不够公开，致使监督困难、监督惩戒制度执行度低。此外，还存在一些评价和申请流程烦琐、"放管服"改革有待进一步推进等一系列问题。这些问题的存在意味着在学术评价领域，我们的评价思想尚不成熟，评价目标不够清晰明确或者评价目标对学术的本质属性反映不够全面，以及评价方法简单粗糙不够细致，针对性和适应性不强。针对评价思想不成熟的问题，需要我们基于实践中出现的问题和对学术自身属性认识的提升来实现评价思想和理论上的完善。针对评价方法简单的问题，需要我们在理论提升的基础上来不断细化。

综合上述评价问题与前述哲学社会科学及其发展现状，未来学术评价的总发展趋势可归纳为：多元、分类、综合、规范。"多元"针对评价主体、评价视角而言，具体指的是不同评价主体通常基于不同的评价视角，评价的主要目的也有显著差异。为此，要增强学术评价的视角意识，增强评价的目的意识，确定不同视角下评价的核心价值导向，明确不同学术评价的界限，尤其是明确行

---

① 高翔：《构建具有鲜明中国特色的社会科学评价体系》，《中国社会科学报》2014 年 4 月 18
　日，第 A08 版。
② 王小梅、吴英策、黄晓等：《深化新时代高校教师职称评审改革：成绩、问题与省思》，
　《中国高教研究》2021 年第 6 期，第 72~77 页。
③ 陈敏、王轶：《破"五唯"政策视角下的学术成果评价研究》，《重庆大学学报》（社会科
　学版）2021 年第 4 期，第 60~70 页。

政管理性评价和学术性评价的界限。此外，要使不同视角的价值取向服从哲学社会科学评价的整体的、原则性和根本性价值导向，具体而言，就是要在坚持马克思主义立场和原则条件下，允许不同视角下具体价值取向的多样、多元。"分类"针对评价对象而言，指的是针对不同性质或同性质不同类别的评价对象构建不同的评价指标体系。目前，分类评价作为一种评价方式，在多个文件中被提及，体现出分类评价在深化学术评价活动中的重要性。在评价实践活动中，要持续深化分类评价理念，根据评价对象的关键特征或客观运行规律，探索合适的评价标准，构建差异化的评价指标体系，避免学术评价领域的"一刀切"。"综合"针对评价方法而言，指的是运用好定性和定量两种评价方法，处理好质量与数量、内容与形式的关系，平衡好评价的科学性和技术性、主观性和客观性关系。为此，要在坚守各类型评价的核心价值导向下，确定定性和定量方法的运用，要增强信息技术研究和应用意识，做好学术评价专家库、信息库建设，研发既能反映内容又具有一定可操作性的新指标。中国特色社会主义建设进入新时代，高质量成为一个极为重要的时代使命，高质量发展不仅是社会经济发展的要求和方向，也是哲学社会科学未来发展的应有之义，一定要转变过去重视数量的惯性思维，朝着注重内容评价的方向调整，丰富评价的内涵和层次。"规范"针对评价体制机制而言，指的是对当前学术评价体制、机制进行优化。为此，要优化科研机制，促进评价理论的研究和应用，也要健全学术评价体制机制，完善评价方式方法，规范行政管理性评价、学术性评价和社会性评价活动，完善评价管理和监督制度，以保障评价过程的公开透明、流程的高效顺畅、监督的及时有效、结果的公平公正和结果运用的合理规范。①

第四节　AMI 综合评价理论的组织基础

哲学社会科学及其评价发展的新局面新阶段、评价问题的存在以及评价

---

① 叶继元：《近年来国内外学术评价的难点、对策与走向》，《甘肃社会科学》2019 年第 3 期，第 61~67 页。

趋势是 AMI 综合评价理论得以形成并不断发展的客观层面的外部性因素，它推动着 AMI 综合评价理论产生和发展所需的组织基础的建立和发展。组织基础是 AMI 综合评价理论得以形成并不断发展的主体层面的内部性因素，坚实的组织基础使理论得以形成、持续发展并展现出较强的生命力。

立足哲学社会科学及其发展的时代背景，聚焦评价领域出现的一系列问题，为更好地发挥学术评价的"指挥棒"和"导向仪"的作用，掌握评价的话语权，引领中国哲学社会科学的发展走向，并推动中国学术走向世界，社科院站在历史和时代的制高点，立足国内和国际两个实际，做出重大战略部署，撤销社科院文献计量与科学评价中心，于 2013 年 12 月正式成立院直属的中国社会科学评价中心（下文简称评价中心），它的主要职责和任务有建构中国社会科学权威评价体系，引导我国学术研究发展方向，搭建国际化学术交流平台，参与全球学术评价标准制定，掌握学术评价话语权。

评价中心牢牢坚持"三个有利于"①的理念，以马克思主义为指导，实事求是地从已有的期刊评价基础出发，将期刊评价作为评价工作的切入点和突破口，打造具有鲜明中国特色的哲学社会科学评价体系，推动理论创新和学术繁荣。基于我国哲学社会科学面临前所未有的发展机遇和哲学社会科学自身的意识形态性、科学规范性和社会公众性的特质和要求，针对评价问题，顺应发展趋势，评价中心开始探索建立多维度评价，并通过完善同行评议制度、强化学术期刊的评价功能、丰富评价内容和手段、建立公正权威的评价机构来深化已有的评价体系的改革，AMI 综合评价理论所蕴含的综合评价思想得以萌芽。

依据自身团队优势，评价中心锐意进取，立足哲学社会科学评价，积极开拓学术评价新领域，开展全球智库和中国智库评价。评价中心在期刊评价

---

① 即有利于坚持正确的学术方向，巩固中国特色社会主义理论体系在哲学社会科学研究中的指导地位；有利于推动理论创新和学术繁荣，打造哲学社会科学的中国话语体系；有利于中国学术走向世界，和国际主流学术展开平等的、有尊严的对话与交流，为世界文明的提升贡献中国思想、中国经验、中国智慧。参见高翔《构建具有鲜明中国特色的社会科学评价体系》，《中国社会科学报》2014 年 4 月 18 日，第 A08 版。

和智库评价的探索，大大丰富了 AMI 综合评价理论的内涵，有力保障了AMI 综合评价理论的发展。

在 2016 年的"5·17"讲话一周年之际，习近平总书记在致社科院建院 40 周年的贺信中再次提出"构建中国特色哲学社会科学学科体系、学术体系、话语体系"。在此背景下，经中央机构编制委员会办公室批复，2017年 7 月，社科院在评价中心的基础上成立中国社会科学评价研究院。在社科院的有力领导下，评价院不断发展，为 AMI 综合评价理论的发展提供了人才队伍和实践机会。

自成立以来，评价院始终坚持正确的政治方向和评价导向，坚持科研强院、人才强院和管理强院的办院方针，践行忠诚、敬业、奉献的价值观，树立团结、创新、开放的文化理念，确立公平、公正、公开的行为准则，切实履行"制定标准、组织评价、检查监督、保证质量"的评价职责和科研诚信管理职责，制定和完善中国哲学社会科学评价标准，承担和协调中国哲学社会科学学术评价，加快构建中国特色哲学社会科学评价体系，为繁荣发展哲学社会科学服务，为中国特色社会主义服务。目前，评价院共有 9 个内设机构，分别为综合办公室、科研诚信管理办公室、评价理论研究室、机构与智库评价研究室、期刊与成果评价研究室、人才与学科评价研究室、评价数据研究室、公共政策评价研究室和评价成果编辑部，形成了一支深耕于评价理论的研究和应用工作的人才队伍。

评价院工作者孜孜探索和开拓创新，踏实开展各项评价的相关工作。深入推进期刊评价和智库评价的周期性评价，积极开拓人才与学科评价和公共政策评价新领域；建设评价数据库，建立专家委员会，筹办评价会议、评价论坛和评价日等国内评价交流活动，壮大评价领域内的学术共同体；推动评价标准的制定和实施；开设评价课程，培育评价人才；承担全国政协、中组部、中宣部、中央网信办、国务院参事室、国家发改委、工信部、商务部等多家部委机构委托的课题研究和评估工作，完成全国哲学社会科学工作办公室委托的国家社会科学基金特别委托项目和相关评估任务，承接地方政府和大型企业集团委托的第三方评估项目；拓展国际交流网络，交流领域和形式日益丰富，与美国、英国、法国、德国、俄罗斯、日本、荷兰、挪威等 30 多个国家及地区的百余家机构建立了学术联系，发出中国评价界的声音。评价院实实在在的评价工作成为 AMI 综合评价理论发展的丰沃"土壤"。

"当代中国正经历着我国历史上最为广泛而深刻的社会变革，也正在进行着人类历史上最为宏大而独特的实践创新。这种前无古人的伟大实践，必将给理论创造、学术繁荣提供强大动力和广阔空间。"① 新时代以来，中国哲学社会科学发展步入新阶段，愈发强调凸显中国特色，中国特色哲学社会科学评价也越发要求彰显中国特色导向。AMI 综合评价理论的体系化的需求基础就是中国学术评价存在的问题和中国哲学社会科学发展趋势及其评价要求。

哲学社会科学作为推动社会发展和历史进步的重要力量，在本质上具有社会历史性、国家民族性和社会意识形态性。哲学社会科学的社会历史性决定了其自身的学术性和国家民族性的意识形态的特质。这决定了哲学社会科学具有其内在的发展规律和发展逻辑要求，决定了其所具有的与时代发展阶段相适应的政治价值、学术价值和社会价值。自新中国成立以来，在我国经济社会发展的不同阶段，对哲学社会科学内含的政治价值、学术价值和社会价值的需要存在明显的差异，对哲学社会科学的评价也因社会发展需要的差异而出现了以政治标准为主的行政评价阶段、以学术标准为主的同行评议阶段和以科学规范为主的定量评价阶段。在行政评价阶段，对哲学社会科学评价侧重的是其政治属性方面所蕴含的政治价值。在同行评议阶段，对哲学社会科学评价侧重的是其学术属性所蕴含的知识发现和思想创造科学性的学术价值。在定量评价阶段，哲学社会科学评价强调的也是学术价值，但侧重的是学术的规范性和绩效考核的便利性。可见，在我国哲学社会科学不同的发展阶段，都有与其相适应的评价方式，每一种评价方式也都与我国经济社会发展阶段的需要相适应，体现了哲学社会科学评价在不同阶段的价值主导

---

① 《习近平在哲学社会科学工作座谈会上的讲话全文发表》，2016 年 5 月 19 日，央广网，http://news.cnr.cn/native/gd/20160519/t20160519_522178374.shtml，最后访问日期：2022 年 3 月 26 日。

性。当前，中国哲学社会科学进入构建中国特色哲学社会科学的新时代，中国式现代化建设全面开启。在习近平新时代中国特色社会主义建设的新时期，加快构建中国特色哲学社会科学体系成为哲学社会科学服务中国式现代化建设的重要任务。为了发挥中国特色哲学社会科学服务新时代中国特色社会主义建设、服务中国式现代化建设、服务中华民族伟大复兴的使命和任务要求，新时代必然需要能够体现哲学社会科学的政治价值、学术价值和社会价值的综合评价体系。

理论，是人们由实践概括出来的关于自然界和社会的知识的有系统的结论，① 常由一系列性概念、判断和推理组成。下文将层层递进，对 AMI 综合评价理论进行全方位、立体式的论述。第二章阐释 AMI 综合评价的理论基础和方法论，它们是 AMI 综合评价理论构建的条件和基础。第三章论述 AMI 综合评价理论的构建，依照第二章评价基础理论中的评价体系，依次阐述 AMI 综合评价理论关于各评价要素的规定和观点。第四、五、六章分别论述 AMI 综合评价理论关于吸引力、管理力和影响力的基本理论及评价分析，为 AMI 综合评价指标体系的构建提供一般性指导。第七章回顾 AMI 综合评价理论的实践历程，并基于实践概括总结 AMI 综合评价理论的主要特征，这些特征体现着理论的优势；本章最后结合 AMI 综合评价理论存在的不足之处，对理论的未来发展进行展望。第八章展示 AMI 综合评价项目，即目前运用 AMI 综合评价理论进行现实评价活动的项目实例，以详细呈现 AMI 综合评价理论的实际运用过程。

---

① 中国社会科学院语言研究所词典编辑室编《现代汉语词典》（第 7 版），商务印书馆，2016，第 799 页。

第二章

AMI 综合评价的理论基础和方法论

AMI 综合评价理论的构建，既存在现实的学术评价发展契机，即前文所言的当前中国特色哲学社会科学及其评价的新局面，又存在深厚且坚实的理论根基，即 19 世纪末 20 世纪初以来，不断丰富和发展的价值论及其范畴下的评价理论。本章论述 AMI 综合评价的理论基础和方法论。

不了解基础评价理论，不把握评价的基本概念、要素和特征等，进行评价理论的创新研究便如同"无源之水，无本之木"，遑论理论的运用和发展。AMI 综合评价理论的理论基础主要是哲学视域下的评价理论，也可称基础评价理论，它回答了关于评价的基本问题，阐释了评价及其活动的一般特征和规律。作为基础评价理论，它是构建 AMI 综合评价理论的"内容性"基础。本书主要从评价的概念与本质、要素和体系、特点、运作过程和类型这几个方面论述 AMI 综合评价理论的理论基础。

方法论是某一门具体学科所采用的研究方式、方法的综合，主要回答的是"怎么办"的问题。AMI 综合评价理论构建的方法论提供了分析评价的思维方式、技巧和方法，相对于内容性的理论基础来说，它是工具性的。理论基础和方法论对于 AMI 综合评价理论的构建至关重要，缺一不可。如果说理论基础回答了评价"是什么"的基本问题，那么方法论提供了分析评价"怎么样""如何做"这类问题的思维上的方式、方法和思路。AMI 综合评价理论构建过程中运用的方法论主要是马克思主义唯物辩证法范畴下的系统观念、发展的观点和矛盾分析法。

第一节 理论基础：哲学视域下的评价理论

本章首先论述哲学视域下的评价理论，它是哲学视域下的、关于评价的、一系列特定的概念及原理（命题）或知识体系。哲学，是关于世界观的学说，是理论化、系统化的世界观，是自然知识、社会知识、思维知识的抽象概括和总结，是关于自然、社会和人类思维一般规律的学说。如果将各领域内的知识比作一棵树的"树枝"，那么哲学就是最为粗壮的、起统领作用的那根"树干"。选取哲学角度的原因在于：其一，哲学角度下评价的研究和分析，最能反映出评价的本真模样；其二，具体学科领域内的评价观点、方法、思想和理论的分析最终需要溯源至哲学；其三，从本书命名可以看出，AMI 综合评价理论是"哲学社会科学"领域内的理论，而"哲学社会科学"强调哲学在人文科学和社会科学中的统领地位。因此，本节对评价基础理论的论述选取哲学视角，阐释评价的本质、结构和特征，提供分析评价及其活动的基本范式，为构建 AMI 综合评价理论奠定概念、内容等基础。

一 评价的概念和本质

陈中在《看透本质：如何洞察事物（问题）本质的方法》一书中提出认识事物的七个维度，分别是定义、性状、来源和历史、目的和作用、结构和关系、原因和关键驱动因素、对应事物。[①] 对于"评价"的一般分析可以从上述方面依次展开。由于此处分析评价理论的主要目的在于为构建 AMI 综合评价理论做准备，故下文的阐述将有的放矢，重点阐述评价的定义、来源、主要特征和结构等基础性内容，旨在更有针对性地为 AMI 综合评价理论构建奠定理论基础。

概念分析是认识事物的最基本、最常见的方法。从"评价"一词词义

---

① 陈中：《看透本质：如何洞察事物（问题）本质的方法》，机械工业出版社，2020，第98页。

上看，"评价"可追溯至三国时期的词典《广雅》，其记载"评"作动词，为"议"；① "价"为名词时，常为价格、价值之义，故此义形成"价"之本义，如《文选·嵇康·琴赋》中有"经千载以待价兮"之语，《管子·轻重》中有"国贫而用不足，请以平价取之"之语。"评价"见于《燕翼诒谋录》卷五："今州郡寄居，有丁忧事故数年不申到者，亦有申部数年，而部中不曾改正榜示者，吏人公然评价，长贰、郎官为小官时皆尝有之。"② 其中的"评价"可理解为衡量或评定价值。《辞海》中，将"评价"解释为衡量人物或事物价值的高低。③

由评价的词义分析可知，"评价"与"价值"紧密相关，而追溯评价的本质有助于进一步具体地理解二者之间的密切关联。通过总结现有评价理论研究，发现能够形成的共识是：评价，本质是人把握世界价值（意义）的观念活动。那么，如何理解关于评价本质的这一共识性结论呢？本书认为，理解评价的本质要结合认识论和价值论，溯源至人与世界的关系，从分析人与世界的关系这一哲学性问题开始。

马俊峰在《评价活动论》一书中从探索"世界"概念着手，提出人与世界的双重关系：人对于世界的依赖关系、人对世界的掌握—利用关系。④ 在这种双重关系的演进中，形成两种基本的人类活动：认识活动和实践活动。其一，认识活动，即人脑反映客观事物的特性与联系并揭露事物对人的意义与作用的思维活动，主要体现了人对于世界的依赖性。⑤ 这种依赖性反映出人与世界的认识与被认识关系，体现着自然界对人及其活动的优先地位。其二，实践活动，即人能动地探索和改造现实世界中一切客观物质的社会性活动，

① 《广雅·卷四·释诂》，中国哲学书电子化计划，https：//ctext. org/wiki. pl? if = gb&chapter = 554903&remap = gb，最后访问日期：2022 年 1 月 20 日。

② 《燕翼诒谋录》卷五，中华典藏，https：//www. zhonghuadiancang. com/lishizhuanji/yanyiyimoulu/44483. html，最后访问日期：2022 年 1 月 20 日。

③ 《辞海》"评价"条，https：//www. cihai. com. cn/yuci/detail? docLibId = 1107&docId = 5713726&q = % E8% AF% 84% E4% BB% B7，最后访问日期：2022 年 1 月 20 日。

④ 马俊峰：《评价活动论》，中国人民大学出版社，1994，第 92~99 页。

⑤ 人因依赖于世界所以不得不认识世界、发现其中的规律及意义，并通过运用规律、能动地改造物质世界来满足自身的生存和发展需求。

体现了人类活动的合规律性和合目的性的统一。实践活动表明了人于世界中生存和发展的主观能动性，这种能动性反映出人对世界的实践和改造关系、掌握—利用关系。

认识活动与实践活动之间存在密切关系，它表现为：认识是实践的前提，实践是认识的目的，二者最终服务于"更好地实现人类需要的满足"这一目的，且在实现这一目的的过程中不断丰富和发展。从这一点来看，一定意义上，认识活动是实践活动、人类需要的满足这两者的条件、前提。因此，聚焦人类认识活动，把握认识的概念、特征、类型等基本问题，对于人类社会的发展至关重要，这也是认识论存在的重要原因和意义。

聚焦于认识活动，一般认为认识有两种取向，或者说两种类型。其一是认知，即解释世界本来面目的认识活动，它探索"世界是什么样的"，解决的是具有"真假"属性的科学问题，体现了人类活动的合规律性特征。其二是评价，即揭示世界价值或意义的认识活动，它分析"世界对我的价值和意义"，解决的是具有"是非""利害"属性的价值问题，体现了人类活动的合目的性特征。在认知和评价的关系中，一般认为认知是评价的基础，评价是认知的高级阶段或是对认知的价值判断。概而言之，评价以认知为基础，关注外部世界对于人类自身的意义和价值，直接目的是通过评价做出判断、选择，最终目的是引导实践活动，实现人类自我需要的满足。

分析至此，我们能更深刻地体会评价本质的含义，并明确其在人类整体活动中的定位。一方面，着眼于认识活动，评价的本质是一种分析价值关系，以揭示客观世界的价值、观念的建构价值世界的认识活动，是区别于认知（揭示物质世界存在和运行规律）又与认知密切相关的一种价值认识活动。评价一定程度上包含着一部分认知，是更高一级的认识活动。另一方面，着眼于人类活动整体，评价是一种相较于认知更直接指导实践活动的认识活动。评价活动是人们做价值比较、做价值判断、做价值选择、做价值决策的活动，并由此推动人们的实践活动。综上所述，评价的本质是人把握世界价值（意义）的观念性活动，是基于认知活动对实践活动有直接推动和指导性的价值认识活动。

二　评价要素和评价体系

上文对于评价概念和本质的论述更多基于哲学层面上人与世界的关系、认识活动和实践活动的关系，这是对评价的抽象、概括分析。要进一步加深对评价的认识，还需要聚焦评价内部，从微观层面对评价的结构展开具体分析。此处采用静态分析，即撇开动态的评价活动，静态地、一般性地分析评价的要素。这有助于厘清现实中各类纷繁评价活动表象背后的评价内在结构的本质特征，加深对评价的理解。

（一）评价核心结构及其要素

评价本质，即人把握世界价值的观念活动，它决定了无论评价理论构成和现实表现形式如何，都必然包含"人"和"价值"两个基本要素。如果进一步抽象和概括，二者分别对应的是"评价主体"和"评价客体"，它们是评价的两个最核心的构成要素，决定了评价的基本结构，即主、客体间的价值关系结构。

1. 评价主体

评价主体是评价者，在具体评价活动中，评价主体常常是发起或实际进行评价活动的人。在现实中，评价主体的表现形式包含多种层次，如个人、群体、阶级、民族和国家等。这些不同层次形式的评价主体，其区别的实质在于主体内在的评价立场、评价目的和评价标准。在评价系统中，由评价立场、评价目的、评价标准共同构成评价主体子系统，它们体现着评价主体的想法、需求等特征，蕴含于不同层次形式的评价主体的评价活动之中，大多是隐性的而非显性的，是无形的而非有形的（实体的）。它们以一种无形的方式通过评价主体这一个要素发挥对评价活动的实质影响，如同浮出水面的冰山一角（评价主体）下的冰山实体，其背后是评价主体复杂、多样的需要，能够直接影响评价活动的结果和实践选择及走向。

（1）评价立场

评价立场是评价主体评价某一对象时所处的角色、地位和所抱的态度。在社会评价活动中，不同的评价主体存在不同的评价立场，其根本原因在于社会活动中的不同评价主体各自有着不同的角色、身份和定位。评价立场的特征是多样性，即对于同一评价对象而言一定存在多种不同的评价立场。但"不同"不等于"对立"，不同评价立场一定存在差异，但不一定存在对立和矛盾，只有当两种社会角色处于矛盾和对立情形时，评价立场才呈现矛盾和对立的关系。评价立场反映了主体对评价对象评价时所处的站位和角度。评价立场不同必然导致评价主体子系统其他要素存在差异，这从根本上解释了评价主体差异的实质。评价立场会对后续的评价目的、评价标准均存在重要影响。

随着实践的发展，评价活动专业性逐渐提高，评价主体和评价活动者会出现一定分离，即出现委托性评价，此时，评价主体（委托人）的身份更多为一种管理者，承担着决策、管理等行政职能，但不参与具体的评价活动，具体评价活动由专业技术人员（评价代理人）组织、实施。本书对于评价的论述不考虑此情况，默认评价主体即为进行评价活动的一方，这是因为评价活动代理人会依据委托人的要求进行评价并被要求站在后者立场进行评价，委托评价不会导致评价立场的分化。由于不同评价立场存在差异甚至矛盾，对同一事物的评价及其结果也存在差异甚至对立，因此对于评价活动和结果的讨论要以分析评价立场为前提。忽略评价立场针对评价结果进行评价是不恰当的，常常引发不必要的争论，因此在组织评价活动时，首先要有明确和清醒的评价立场意识，并明确评价主体的立场。

（2）评价目的

评价目的是评价主体在评价活动中所追求的目标、想要实现的结果。一般情况下，评价目的可归为两类：一是实践，这是最典型也是最常见的评价目的；二是自我反思，即揭示已形成的价值关系。[①] 具体来看，评价目的常常表现为为选择和决策做准备、提供价值导向等。评价目的由评价立场和拥有立场的主体的实践情境综合决定。评价目的、评价功能、评价原因是比较容易混淆的概念，相较于后两者，评价目的更能体现评价主体的欲望和意志，

---

① 冯平：《评价论》，东方出版社，1995，第81~84页。

它是评价主体想要实现的目标，体现着评价主体想要到达的"终点"。评价功能更像是评价的整体效应，体现着评价的客观性效果。在一定程度上，评价目的之所以能够实现，正是因为依托评价客观地具备判断、导向、决策等功能。评价原因是评价的"起点"，它能够直接解释评价为何发生，评价原因常常是实践中存在某些待解决的问题或某些未满足的需要，其表现形式多为负面性的，这是其与评价目的的根本不同。

尽管隶属于评价主体子系统，评价目的却是相对关键的评价要素，在评价主体子系统和整个评价体系中均发挥着重要作用。评价目的的直接作用在评价主体子系统中发挥：评价目的不同会导致评价时考量对象选取的角度、维度不同，最终导致的现实结果是评价标准的不同，即评价目的影响评价标准。此外，评价目的对评价主体及其他要素发挥着不可忽视的关键性作用。叶继元在《学术"全评价"体系论》一书中认为，评价目的是评价的龙头，"规定、制约和导引着整个评价方向和具体做法"。[①] 评价目的对评价活动的导向是其主要功能或作用，不仅需要在展开具体评价活动前的设计环节明确评价目的，也需要在评价活动的全过程强化评价目的这种导向作用。在评价的全过程充分发挥强化评价目的的制约、导向作用，能够提高评价与需要满足的契合度，增强评价活动的有效性。

（3）评价标准

评价活动的一个显著特点是，它总表现为以一定的尺度或标准来考量对象的价值水平，评价标准就是与这个尺度或标准密切相关的一个概念。从根本上讲，需要是最本源的评价尺度，需要的客观性直接决定了价值标准的客观性。主体需要从根本上决定着价值的有无和多少，因此被称为"价值标准""价值尺度"。在下意识水平（感性层面）和情感水平（情感层面）的评价中，主体需要与评价标准的分化常常没有完成，此时，主体感性需要直接起着评价标准的作用；而在理性认知水平的评价中，评价标准更为理性，它是评价主体基于自身评价立场和评价目的，对其需要（价值标准）的理性观念

[①]　叶继元：《学术"全评价"体系论》，社会科学文献出版社，2021，第 113 页。

反映，是第二性的，是人们衡量评价对象价值的理性观念尺度。评价标准不决定价值，[1] 它作为主体需要的观念反映，具有一定的主观色彩，其内涵反映着人们的价值取向，"人们心目中的应然，是评价标准的最一般模式"。[2]

在评价活动中，评价标准不一定都是"显性"的，但一定存在，它是进行某项具体评价活动的逻辑前提，具有前提性和先在性，如人们在评价"善""美"时，预先总有何以为善、何以为美的意念。[3] 先在性不同于先验性，相反，评价标准是后验的。作为主体需要的观念反映，评价标准尽管受主观意识的影响，但根本上由主体的需要和能力、客体现实的本性和规律决定，[4] 是社会实践的产物，有社会历史性和客观性，因此，在一定时代背景下的特定社会范围内，统一的核心价值观、统一的评价标准可能存在。现实也是如此，如对于马克思主义者而言，这一统一的、根本的评价标准为"是否推动社会历史进步，是否符合社会发展趋势，是否维护、满足了最广大人民的需要和根本利益"，这一评价标准作为马克思主义者价值评价的最高标准，是判断特定主体实际需要是否合理的最高尺度。[5] 评价标准的主要功能是为设定评价指标提供一定的遵循，但不应把评价标准和评价指标混为一谈，下文在阐述评价标准时，可见二者的根本区别。

2. 评价客体

评价客体是评价活动所指向的对象，其本质是价值事实、价值关系。聚焦评价客体（价值关系）内部，其内在又包含了价值主体、价值客体、主客体间的关系、运动和运动结果，其核心是价值主体的需要与价值客体的属性、功能之间的关系。要注意的是，评价客体的本质是一种抽象的主体性、关系性事实。"评价客体"术语可以同等地换成"价值事实（关系）"这一术语。如当我们对某一对象 A 进行评价时，与 A 相关的价值关系是评价

---

① 陈新汉：《评价论导论——认识论的一个新领域》，上海社会科学院出版社，1995，第 128 页。
② 李德顺：《价值论——一种主体性的研究》（第 3 版），中国人民大学出版社，2020，第 174 页。
③ 马俊峰：《评价活动论》，第 251 页。
④ 李德顺：《价值论——一种主体性的研究》（第 3 版），第 177 页。
⑤ 本书编写组编《马克思主义基本原理》（2021 年版），高等教育出版社，2021，第 94 页。

客体，A 自身不是评价客体，实际上，A 仅为评价客体（价值事实）中的一个要素，隶属于价值事实系统，仅是价值事实系统中的价值客体。

价值是指具备一定属性的价值客体满足价值主体需要的关系，其本质是一种需要满足的价值实现的效应，其中，价值主体是现实的、能够从事认识活动和实践活动的人。价值主体与评价主体必然存在一定的重合关系。在一些评价活动中，价值主体常常与评价主体重合，但随着评价的专业性和复杂度的提高，价值主体能够在形式形态上独立于评价主体的现象越来越普遍，似乎价值主体和评价主体可以分离。比如，医生结合病人情况，评价病人使用的某种药品的药效，此时出现了病人（价值主体）和医生（评价主体）两个独立的主体，实际上，这种情形中的病人和医生存在"共主体性"，即医生做出的评价是站在病人角度进行的，评价过程中包含自我相关，包含一种前提：如果医生是病人，他将根据这种评价决定是否服用该药品。这其实是评价主体和价值主体重合的一种特殊表现。① 价值客体是能够满足人需要的事物，它是实际中价值主体实践所指向的具体对象，是评价主体进行评价时指向的具体对象。价值客体的形态多样，可有形也可无形，常表现为一定的物、事、人、群体、机构、社会活动，甚至是思想、理论等精神产物。结合评价活动，为便于理解，本书将价值客体称为"评价对象"。在现实的评价活动中，由于语言和文字表述的不严谨，出现了评价客体和价值客体的混淆。② 在具体实践中，为了方便交流和沟通，使用这样的表述无可厚非，但在理论分析时，要保持清醒，厘清评价客体和价值客体的本质不同。

除了分析价值的主、客体，认识价值还可通过把握其基本特征的方式。价值的一个重要特征在于，它以主体的客观需要为转移，而不以主观需要为转移。价值的这种特征在于主体的需要既有一定的客观生物学基础，也与一定的客观社会环境条件相联系。譬如，生存于原始时期的个体不存在看电影、乘飞机等需要。这种特性是价值客观性的表现，即客观现实的需要决定

---

① 马俊峰：《评价活动论》，第 128 页。

② 下文分析各类具体的评价活动时，价值客体常常明确且具体，我们用"评价对象"这一术语来表示，不再使用"价值客体"。

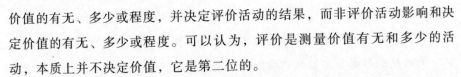

价值的有无、多少或程度，并决定评价活动的结果，而非评价活动影响和决定价值的有无、多少或程度。可以认为，评价是测量价值有无和多少的活动，本质上并不决定价值，它是第二位的。

在具体的评价活动中，评价客体及其中的价值客体明确而具体，评价主体对于评价客体的把握主要为获取评价信息的过程，这些信息涵盖价值主体的需要、价值客体的功能和属性以及价值主、客体之间的关系等各个方面。其中，对评价对象展开分析是关键，分析过程包含准确把握评价对象的概念、明确评价对象的范围或数量（统计学中的术语为"确定样本"或"选取样本"）、采集评价对象的信息和数据等环节。

3. 评价主、客体之间的关系

评价主体与评价客体相互作用、辩证统一。评价的过程是评价主体把握价值和价值关系的过程。这一过程对于评价主体未来发现价值、创造价值和享用价值（即需求被满足）等实践活动有非常重要的导向作用、预测作用，即人们首先要凭借评价活动把握当前的评价客体（价值事实），然后才能以此为指引，通过实践活动创造新价值，即建立起新的、现实的价值关系（评价客体），使自身需要得到更好的满足。这一过程的实质是新的价值事实建立和发展。分析上述过程，可以发现，评价作为一种途径和手段，与评价主体和评价客体双方的价值关系及其深化发展相关联。一方面，评价客体的发展离不开评价主体，新的评价客体（价值关系）是通过以上过程由评价主体创造的。在此过程中，评价客体中评价对象的形态、属性等往往也会发生变化，进行着变化和发展。另一方面，评价主体由评价这一过程加深了对自我需要和对象价值之间关系的认识，指引了未来实践方向，有利于未来自我需要的更好满足，促进了自身的更好发展。

（二）评价其他要素

评价的主、客体结构是对评价活动这一认识活动的概括、静态分析。如果具体地、动态地分析评价活动，可以发现，评价活动还包含一些其他要素，结合具体的评价实践过程和已有文献，本书认为，对于一个完整的评价活动，在其评价主—客体核心结构的外围，必然还存在评价指标、评价方法、评价成果三个要素。这样来看，评价主体、评价客体、评价指标、评价方法、评价成果是评价体系必备的五个要素，是一项评价活动能够发生并完成的最基本的要素。下文主要围绕剩余三个要素进行相关论述。

1. 评价指标

评价指标与评价标准密切相关。评价标准与评价主体的客观需要、主体的价值认识密切相关，是规定性的、应然的。但是，评价是针对客体（对象）的指向性活动，因此，作为具体评价活动的逻辑前提，评价标准尽管对评价活动存在重要影响，但因其对评价对象的指向性不够明确，因此不能直接运用于评价活动，它的可操作性也不高，不是具体评价活动的主要环节和中心任务。进行具体评价活动时，主要环节是构建能够反映评价标准的评价指标（体系），围绕评价指标（体系）进行信息的收集、处理和分析。

评价指标是带有一定主观色彩的评价标准于客观评价对象中的映射。评价标准对构建评价指标具有导向和决定作用，评价指标在内涵上反映的是客观评价对象的属性、特征或功能状况（评价指标的内容即为评价内容），因此，评价指标反映的内涵是实然的，这一点是区别评价标准和评价指标的关键。比如，评价某物的食用价值，评价标准常为"对人身体安全""主要营养物质为人体所需"等，它们在含义上体现着评价主体关于食物的"应然"观念；而评价指标与此不同，常设置为"有害物质的有无及含量""营养成分的种类和含量"等，它是评价对象的客观属性，是与评价标准存在对应、映射关系的概念。评价指标常常是"显性"的，即评价主体一般会明确表示自身的评价指标有哪些，因此，在评价的应用性研究和具体实践活动中，评价指标的设定情况常常是关注和讨论的重点和中心。

由于主体需要的多层次性、多方面性，人的需要呈现体系性、系统性，评价标准因此也为一个体系，进而与评价标准相对存在的评价指标也表现为一个体系。理想的评价指标的概念明确具体，可操作性强，但随着社会发展，评价的复杂性提升，一些评价指标会因其概念的高度综合性、概括性和抽象性，本身不具备较高的可操作性，因此无法通过定量分析或定性分析进行直接测度。比如，市场经营主体评价中常见的"竞争力"指标。对于这类评价指标，现实评价活动中的评价者会通过设定一个或多个下层级指标对它进行间接的测度，下层指标可视为对其所属的上层抽象指标的具体化。上述各方面（类型）、各层级指标一同构成最终的评价指标体系。作为评价标准于客观对象中的映射，合理的评价指标体系应反映需要，与评价标准存在完备的对应关系，符合评价对象整体的客观发展规律。不过，在实际评价活动中，评价指标的确定不是一蹴而就的，常常要结合实际信息、数据进行再调整。

2. 评价方法

评价方法是评价的"软件"系列，其概念有广义和狭义之分。广义上的评价方法指贯穿评价准备、评价设计、信息获取、信息分析与综合、评价成果表达等各评价环节的一切途径、办法，[1] 它和其他每一个评价要素密切相关。狭义上的评价方法特指评价过程中的信息分析与综合的方法，如处理与评价对象相关的信息、数据时所采用的方式、技术，是评价技术。总的来说，评价方法是联结性的评价要素，[2] 它虽然不构成实际评价过程的一个环节，但贯穿于评价过程的始终，且在处理信息这一环节作用突出，能够直接影响评价结果及其形式。随着评价理论和实践的发展，如评价模型的出现，评价方法的狭义和广义的概念之间并没有明确的界限，其含义较为宽泛与灵活。

评价方法种类繁多，不同学者的分类方法也不同，马俊峰学者针对广义概念的评价方法，将其分为抽象化方法、理想化方法、模型化方法、系统化方法四种类型。[3] 这种评价方法分类立足整个评价过程，是关于整体评价方法、思路和方式进行的分类，各类方法均具有一定的概括性，而对于评价活动方法的描述度却不高，单看上述评价方法名称，或许不能分辨出它们描述的是评价方法。因此，更多学者立足狭义概念对评价方法进行分类，尤其对于哲学社会科学评价，一般进行如下分类：定性评价方法，又称基于专家知

---

① 刘大椿等：《人文社会科学研究成果评价体系研究》，经济科学出版社，2009，第109页。

② 索传军：《学术评价论》，科学技术文献出版社，2020，第97页。

③ 马俊峰：《评价活动论》，第281~294页。

识的主观评价方法，以同行评议法、德尔菲法和调查研究法为代表；定量评价方法，又称基于数据统计的客观评价法，以文献计量法、统计计量法为代表；综合评价方法，又称基于系统模型的综合评价方法，以模糊评价方法、连加性的权重法、连乘性的权重法和层次分析法等为代表。①

　　评价方法的选择和确定一方面取决于评价目的、评价主体，另一方面也受客观评价对象的影响。评价方法是实现评价目的的途径、手段，评价目的与评价方法的切合度是体现评价活动科学性的重要方面，二者间的切合关系要求，对于特定的评价目的，应灵活地选择高效、合理的评价方法，而不能一刀切，理解和认识两者间的匹配关系是正确选择评价方法的基本前提。②

　　3. 评价成果

　　评价成果的主要部分是评价结果，评价结果即评价主体通过评价活动形成的价值判断。只有得出评价结果，评价活动才基本完成，评价对于实践活动的"指挥棒"作用才能发挥。在简单的评价活动中，评价结果常常直接蕴含在评价主体的选择和决策行为中，随着评价活动复杂性和专业性的提高、程序性的加强以及社会交往的需要，评价结果及其表达③才愈发必要，成为评价活动中一个重要的独立环节。评价结果是评价活动服务于生产、生活等实践活动的直接依据。评价结果作为评价活动的结论，常常是评价成果的主要部分。现实中，主体会对评价结果进行展示以用于社会交流，这就形成了评价成果，实际中的评价成果常以文字性的书面评价报告的形式存在。

　　本书认为，除了评价结果，评价活动背景、活动过程等评价的其他要素也应在成果中予以明确阐述，以全方位展示评价活动。在学术上，围绕评价结果进行有针对性研究的不多；在实践中，评价主体对评价结果及其运用思考还不够深。这不利于发挥评价的作用，容易造成评价与实践的脱节，因此

---

① 刘大椿等：《人文社会科学研究成果评价体系研究》，第 111~121 页。

② 李金海、刘辉、赵峻岭：《评价方法论研究综述》，《河北工业大学学报》2004 年第 2 期，第 128~134 页。

③ 评价表达指进行评价活动的主体有意识、有目的地将评价活动所获得的结果通过一定方式，借助一定的符号系统传达给他人的一种活动。

要重视评价结果的表达及其运用。为了保证评价活动不偏离评价目的、评价活动及其结果的作用能够发挥，评价成果的相关报告还应对评价结果对谁开放、为谁所用以及如何使用等结果运用问题进行论述。

（三）评价体系

诚然，评价体系中除了上述微观层面的构成要素，现实中的评价活动常常还存在一些其他的中观、宏观层面的要素，如分类评价、动态评价等中观层面的机制性要素，评价的思想或原则（公平、公正等理念）以及政策（制度）、经济和文化环境或背景等宏观层面的环境性要素。微观、中观和宏观要素一同构成评价体系（见图 2-1），评价体系可视为由评价主体系统、评价联结系统、评价客体系统、评价环境（机制、制度等）系统等若干子系统构成的。

准确认识和把握评价体系及其要素对分析评价问题、了解评价的复杂性、构建新的评价体系等具有重要意义。譬如，立足评价体系能够从根本上回答"为什么评价如此复杂"的问题，其根本原因就在于各评价要素常对应不同的学科领域，评价是一个典型的需要多学科专业人员共同参与的活动：分析评价主体需运用社会学、心理学等学科知识，选择评价方法（技术）需统计学、信息学等学科以及计算机技术的支撑，表达和传播评价成果会涉及语言学、传播学等学科知识，分析评价客体及设定评价指标更离不开评价对象所在学科的专业知识（如进行经济、政治、教育等领域内的评价活动，需分别运用到经济、政治、教育等学科知识），设计评价制度常涉及管理学等学科知识，等等。因此，要树立评价体系观念，建立评价要素视角，探索哲学社会科学评价研究和活动的新方法。

本节分析的五个要素是评价体系中的最基本的要素，是评价活动能够发生所必需的要素，是一种评价理论和评价活动不同于他者的关键所在。由于中观、宏观评价要素偏向评价活动的中观、宏观层面，具有一定的"公共性"，不能反映评价主体对于具体评价活动的设计和控制，也不是区别不同评价思维或评价理论的关键，故本书不再对其展开分析。下文 AMI 综合评价理论的构建将依次围绕评价的五个微观基本要素进行论述，希望能够通过这种方式，加深读者对于评价基础理论中关于评价要素和基本评价体系的认识，加深读者对于 AMI 综合评价理论的认知。

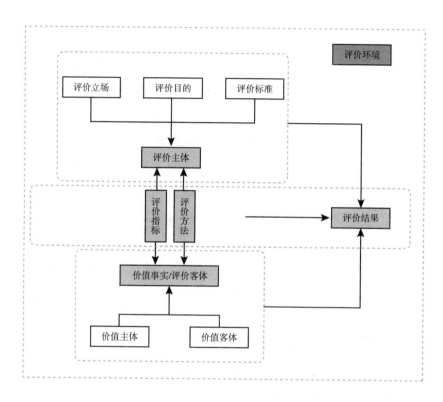

图 2-1　评价的体系结构

三　评价的特点

特点主要是指一人或事物所具有的、不同于其他事物的特殊性质或属性。在分析事物特点时，立足角度不同、选取参照系不同，得出的结论会存在差异。根据马克思主义矛盾分析法，任何个性、特性总与共性相联系，特性与共性的区别是相对的，譬如，相对于实践活动，评价（活动）的特性在于它的观念性、认识性，但若相对于认知活动，观念性此时却是认知和评价的共性，而非评价的特点（独有属性），因此，共性和个性相互联系，甚至可以"转化",关键是要选取恰当合适的参照对象进行特点分析,分析评价的特点,也要确定好参照对象。本书选取认知作为评价特点分析的参照对象,其中的原因在于,认知与评价均隶属于认识活动,二者存在一定的共性,但由于认知是与评价相"平位""同级"的认识活动,二者也保持各自独特的个性,因此,相较于其他事物或对象,以认知为参照,能够剥离掉评价作为认识活动而具有的某些"共性",更为客观、准确地把握评价的关键特点。具体而言,评价的特征表现在以下几个方面。

(一) 评价是对特殊事实——价值事实的反映

价值的本质是客体与主体需要的关系,即客体满足人的需要的关系。价值作为一种关系,是一种事实,且是一种特殊的事实——主体性事实,更具体地说,是一种以主体需要为转移的关系性事实。这与认知性认识活动显著不同,理论上,认知活动存在统一、共同的标准,即"真假"标准,自然科学研究活动便是如此。但对于以主体性事实(价值关系)为对象的评价活动来说,由于不同主体间存在实际需要的差异,主体对于同一对象的需要程度并不相同,因此,对同一对象形成不同评价性认识的现象十分常见且无法避免,这是有些学者主张将评价视作一种主观性感情的表达的主要原因。[1] 评价的这种特征,使学术界很难对评价形成统一标准和尺度,很长一段时间里,学者们未将评价纳入认识论范畴,也未能对评价理论形成统一认识。[2] 这使目前的评价研究、评价活动仍具有较高的复杂性,因此,加强基础评价理论研究就显得十分必要。

(二) 评价是对价值事实的特殊反映

评价总是包含主体的自我相关的一种反映(认识活动),即作为评价客体的价值关系总是和评价主体存在某种关联性,更具体地说,评价是反映客观对象对于"我"的意义的活动,其中,"我"的具体形式可能为单独某个人(个体)、某个群体、某个阶层,甚至可能指整个人类,但不管其表现形

---

① 〔英〕罗素:《宗教与科学》,徐奕春、林国夫译,商务印书馆,2010,第 136 页。
② 冯平:《评价论》,第 28 页。

式如何，"我"的本质属性必须是人（类）。这就是说，当所反映的对象的意义不是针对人而言的意义时，便不是评价活动。例如，当一个人经过分析，得出一种水质对于某一鱼类生存的价值、意义时，此时便不是评价，而是属于认知，是一种对于某种水质和特定鱼类关系的认知。评价的这种特性，一方面导致评价主体与价值主体总是存在现实的重合性，即具有某种程度的"重合"，或者说，二者总是具有某种"共性"；另一方面也强调评价主体的重要性，这是由于主体形态的多样，不同形态的主体的立场和角度存在差异，得出评价结果具有针对性。对于某一评价结果要清楚主要针对哪类主体，不能一概而论。

（三）评价是体现主体价值取向的观念性活动

评价是评价主体以一定尺度和标准来衡量评价对象的观念性活动，体现着主体一定的价值取向（规范意识）。对于评价及其结果的讨论，归根结底是围绕评价标准的讨论。在评价活动过程中，评价标准的设计和遵循本身是评价主体价值取向的核心体现，以价值判断的形式存在的评价结果，是价值取向内化于对象后的体现。这是评价具备引导价值取向的"指挥棒"功能、对实践活动产生引导作用的根本原因。评价的这种特征要求我们，在理论研究和应用中，要以严谨严肃的态度对待评价标准的理论分析和实际构建，要谨慎且辩证地分析和讨论不同国家、地区的评价标准。尤其对于哲学社会科学而言，要注意分辨不同评价标准背后的价值取向，在决定是否借鉴和引用其他的标准时更要慎之又慎，以避免不当的价值观念输入和意识形态渗透。由于不同国家和地区发展阶段、社会历史文化背景、实际问题和发展重点及任务等各方面因素不完全一致，在哲学社会科学领域，保持各自评价标准、特点，既是合理的也是必要的。

四　评价活动的运作过程

在从静态层面分析评价之后，需要从动态层面分析评价，这就是评价活动、评价运作过程分析。评价运作过程是关于评价的一些行为按照一定顺序进展、得出评价结果、完成评价的总的过程。评价的运作过程分析能够将静态的评价要素"串联"起来，更加形象、具体地展现评价，是认识评价必不可少的环节。

社会发展使评价的复杂性和专业性提高，尤其在哲学社会科学领域，评价作为管理的重要一环，其非自觉、非理性、流变的一面逐渐减弱，而自觉、理性和稳定的一面愈发增强。因此，评价逐渐不再是纯观念性、思维性的活动，越来越需要依托一定的实践活动才能完成，本质是认识活动的评价拓展为一种基于一定实践活动才能完成的认识活动。

随着评价理论和实践的发展，评价实践活动的过程一般比较固定。不同学者对于评价运作过程的认识和观点并不相同，此处，本书结合评价的五个要素，将评价的运作过程概括为以下几个环节。①明确评价主体及其立场、目的和标准，即明确：评价主体所处的立场，通过评价想要实现什么目标、解决什么疑惑，评价主体的主要评价标准是怎样的。②认识评价客体，确定评价对象的范围。主要是把握价值主体、价值客体（评价对象）及其价值关系，过程中需精准界定评价对象的概念、了解评价对象的特征和发展规律，根据实际确定参评的具体对象。③构建评价指标。依据评价主体的诉求、评价标准，基于评价对象的客观特征，对照评价标准构建评价指标体系。④根据评价指标收集信息，选择恰当的评价方法处理信息，经过分析、综合推理得出评价结果。其中，评价方法要具有适切性，要根据评价目的灵活地选择评价方法。⑤评价成果表达及其运用。评价成果表达是评价社会化、专业化发展的结果，也是社会交往的要求。评价成果的表达以评价结果为中心，同时包含其他评价要素、评价活动过程的说明。以评价成果为依据，进行选择、决策和预测等实践。此外，实际的评价运作过程可能存在其他环节，如存在委托情况下，评价主体要选择委托人，以确定评价活动行为；对于比较重大或具有重要意义的关键性评价，为了保障结论中观点的客观性，还需对评价结论进行检验和论证；等等。

上述是评价运作的大致过程，其不同环节间的界限并不是始终明确的，有些环节间的先后顺序也不是始终固定不变的。如评价对象的认识与评价指标的确定有可能同时进行，再如，实际参与评价的对象范围和最终使用的评价指标常常是相互影响的，这是因为，根据最初设计的指标搜集信息、数据后，可能出现评价指标需要进行调整的情况，如部分指标由于数据获取困难而被迫不再采用，也可能出现参与评价的对象范围发生变化的情况，如当无法获得某一对象多个指标的数据时，为保证评价质量，该对象可能不再参评。

五　评价的类型

依次完成评价的静态角度（概念、要素和特征）和动态角度（运作过程）分析后，接下来，可将视野进一步扩大，对评价进行更为宏观性的分析。由于评价活动的复杂性，结合具体实际，建立分类意识，开展分类研究是把握评价宏观面貌的必要方式。评价类型多样，不同种类的评价分析范式和实践运作存在差异，了解评价类型，能够促进对评价的复杂性和多样性的认识，深化对评价活动的宏观认识。

对研究对象做划分、归类，首先要确定分类标准，标准不同，分类体系也不相同，分类结果则更为多样。对于评价而言，由于其自身为一个体系，包含多个要素，存在特定的结构，故分类标准较多，可选的标准有：评价客体（对象的属性、特点、地位、运动形式等）、评价主体（主体的类型、目的等）及评价的其他性质和特点。如按照评价主体的性质，可划分为个人评价、阶级评价、民族评价、社会（舆论等）评价等；按照评价客体（价值相关）的内容和性质，可分为道德评价、审美评价、功利评价和学术评价；按照评价活动的性质和特点，可分为事先评价、事中评价和事后评价（按时间特点进行分类），分类评价和综合评价（按总分关系进行分类），定性评价和定量评价（按评价方法进行分类），等等。结合论述 AMI 综合评价理论的需要，本书以评价客体（价值事实）的性质为标准，进行评价分类，简要分析功利评价、道德评价、审美评价和学术评价这四种评价类型，这也是评价比较常见的和基本的分类方式。①

---

① 马俊峰：《评价活动论》，第 92~99、167~185 页。

（一）功利评价

功利评价是对一定对象的功利价值的评估、比较、确认和预测。其中，功利价值的核心范畴是利、利益，具体到社会实践中，利、利益常用"有利""有用""有益""好"等描述或概括。功利价值首要、主要指的是经济价值、物质利益，但其概念外延往往比经济价值宽泛。比如，对个人、集体类评价主体而言的精神利益（如名声、信誉）；对于国家类评价主体而言的政治利益等也属于功利价值内涵。需要注意的是，功利指的是某种功效和利益，与日常使用含贬义意味不同，此处为中性词，功利评价描述的是聚焦对象功能和利益的评价活动。

功利评价的核心特点是具有较强的目的性，其任务一般是判明一定对象对主体是否有利、在哪一方面有利、什么条件下有利、有多大利、哪一个对象更有利等。经过功利评价后，主体会确定相应的态度和行为。功利价值在价值体系中处于一种基础地位，因此，功利评价发生于人类的各个活动领域，是人们最广泛、最大量、最经常进行的一种评价。不仅个人评价、社会评价、对人的评价、对物的评价涉及和包含了功利评价，就连道德评价、审美评价和学术评价活动中也常常包含功利评价。功利评价的普遍性易造成对于功利的过分地、绝对地追求，即把一切价值都还原为功利价值。为此，需要清醒地把握对象价值的多维性及其各类价值之间内涵上的质的区别，如果把对象的价值简化为单一的功利价值，将不利于人类各层次需要的满足，不利于个人全面发展和社会整体发展。

（二）道德评价

道德评价是对人道德价值的评估、比较、预测。具体地讲，道德评价中的评价客体是人的动机及其言行所体现的道德价值。功利评价考量人们行为结果的"好坏"程度，而道德评价考量的则是人们行为背后的动机（而非行为结果）。当然，人的言行除了具有道德价值，也同时具有其他价值，如功利价值、审美价值等，道德评价只是对人类言、行价值进行评价的一个角度。

相较于其他评价类型，道德评价具有突出的规范性。这一方面是因为，道德评价中均需以一定的道德规范为评价尺度；另一方面在于道德评价的主要目的就是规范、引导人的社会行为。道德评价的规范性体现了其"应然"的一面，但这并不能否定道德评价的客观性；道德评价也具有"实然"性的一面，由于道德评价中所依据的道德规范常为一种社会规范，个体的道德观念和道德标准很大程度上由主体外部社会决定，由社会长期发展过程中形成的社会文化、伦理观念决定，因此道德评价背后反映的道德价值一般具有较强的社会性、历史性，因而基于道德价值的道德评价存在其客观性的一面。

（三）审美评价

审美评价是对一定对象审美价值的评估、判定。关于美的本质，美学界有不同的观点，能够形成共识的是，美属于一种精神价值，是审美对象的形态、线条、色彩、节奏、韵律、情节、意蕴等感性形式对人的一种特殊的精神需要的满足。美感，是主体基于这种满足而体验到的一种特殊的快感。

相较于道德评价，审美评价具有较强的个体性，这一点与功利评价相类似，但是审美评价具有超功利的特点，没有功利评价那么强的目的性。一些审美评价活动发生于审美体验过程中，这使评价主体的主观因素、主观能动性在审美活动中能够得到充分发挥。但对于审美评价中的鉴赏性评价活动，评价过程更具客观性、理性，如评价者需具备较深的艺术修养、充足的专业知识和艺术欣赏能力。

（四）学术评价

以价值事实的性质为标准，所划分出的学术评价，指的是对一定的理论、学说、观点、方法的学术价值或理论价值的评估和预测。理论价值专指一定理论对学术发展、理论发展的价值，亦即对人类求真、求知的价值，对人类求真、求知需要的满足。理论价值有两个必要条件，其一是评价对象为理论、学说、观点，其二是上述评价对象对理论发展存在作用或影响。因此，若评价对象不是理论、学说、观点、方法等思想成果，即使它对理论发展存在作用也不具有理论价值；理论对其他方面存在的作用和影响（如实践作用）也不是理论价值。需要注意的是，定义中"理论、观点和方法"包含真理，也包含尚未成为真理的假说、认识等，甚至还包含错误、谬论。也就是说，无论是真理还是谬误，只要对其理论价值进行评价，都属于学术评价。

学术评价相较于前述其他类型的评价更为复杂、困难。这缘于学术的抽象性和复杂性。按照评价主体，学术评价的主要形式有三种：研究者本人的评价、同行评价和权威人士或组织的评价。此外，一些学术期刊的编辑人员也担负着学术评价的职能，不同形式之间的学术评价并非孤立无关联，而是能够相互影响、相互作用。

第二节　方法论：系统观、发展观和矛盾分析法

方法论是关于认识世界、改造世界的根本方法的学说，是某一门学科内进行研究时所采用的研究方式、方法的综合。"马克思的整个世界观不是教义，而是方法。它提供的不是现成的教条，而是进一步研究的出发点和供这种研究使用的方法。"① 马克思主义的立场观点和方法为分析评价问题提供了方法和工具，AMI 综合评价理论的建立和发展以马克思主义为指导，主要运用唯物辩证法中的系统观点、发展观点和矛盾观点分析评价，并根据方法论的要求，研究和构建新评价理论。

唯物辩证法由马克思、恩格斯在唯物主义基础上改造黑格尔唯心主义辩证法而创立，是马克思主义世界观和方法论的核心内容，为人们提供了认识世界和改造世界的根本方法。唯物辩证法认为，世界上的万事万物都处于普遍联系和运动发展之中，普遍联系引起事物的运动发展，而事物的运动、变化和发展是有规律的，事物变化发展的一般规律主要为对立统一规律、量变质变规律和否定之否定规律。其中，联系和发展的观点是唯物辩证法的总观点，集中体现了其总特征，对立统一规律是其根本规律，是唯物辩证法的实

① 《马克思恩格斯选集》（第四卷），人民出版社，2012，第 664 页。

质和核心。总的来说，坚持唯物辩证法，就是要坚持用联系、发展和全面的观点和方法看待事物及其发展。

一　系统的观念

理论上，系统观念是马克思主义哲学认识问题和解决问题的一个科学思想方法和工作方法，[①] 马克思、恩格斯运用唯物辩证法深刻分析了现代社会人与自然、人与人（社会）的整体联系，认为事物是普遍联系的，事物与事物、事物内部各要素相互影响、相互制约，整个世界是相互联系的整体，也是相互作用的系统。[②] 作为马克思主义关于事物普遍联系方法在实践运用中的思想结晶，系统方法论是当前社会改革实践系统性、整体性、协同性的理论升华，它与自然科学中的系统论、现代科学思维方法中的系统方法异曲同工。习近平总书记指出："系统观念是具有基础性的思想和工作方法"，作为新时代中国特色社会主义思想的世界观和方法论，"必须坚持系统观念"被写入党的二十大报告。系统观念要求应用系统思维分析事物的本质和内在联系，从整体上把握事物发展的规律，既要着眼于事物的整体，从整体出发认识事物和系统，又要把事物和系统的各个部分、各个要素联系起来进行考察。要统筹考虑、优化组合，最终形成关于这一事物的完整准确的认识。由于主体需要是一个体系，价值关系也是一个体系，以价值为对象的评价活动也是一个体系而且更具复杂性，因此，对于价值、评价这类抽象、复杂的问题，利用系统分析法进行分析十分必要。

系统分析法是构建 AMI 综合评价理论的首要方法，即以系统的观点分析评价及其活动的一般性规律和特征，以系统的观点分析和评价与对象相关的价值关系。具体地讲，该方法在 AMI 综合评价理论中的运用主要体现为

[①]　曲青山：《论坚持系统观念》，2020 年 11 月 30 日，京报网，https://news.bjd.com.cn/theory/2020/11/30/29643t118.html，最后访问日期：2023 年 4 月 16 日。

[②]　鞠俊俊：《马克思主义系统观的几个原则》，2021 年 5 月 10 日，中国共产党新闻网，http://theory.people.com.cn/n1/2021/0510/c40531-32098354.html，最后访问日期：2023 年 4 月 16 日。

以下两方面。其一，立足评价（活动）整体，系统分析评价。AMI 综合评价理论总结归纳出评价（活动）必不可少的五个核心要素，并分析它们之间的相互关系，确定 AMI 综合评价理论关于评价的基本思想、观点和方法，认为只有兼顾各个要素，并以一种联系的观点处理评价中的各要素、各环节和各方面，才能实现客观、有效的评价。将评价看作一个系统，分析评价的基本要素，能够推动构建中国特色哲学社会科学评价体系。其二，系统分析评价客体（价值关系）这一关键性评价要素。价值关系的实质是对象与人的需要之间的关系，具有抽象性，直接对其进行评价十分困难，但它又是每位评价主体必须面对的核心问题，即任何评价问题本质都是考量对象对（人的）需要满足的关系的实际情况，为此，AMI 综合评价理论对于评价问题的分析以价值关系分析为起点和基点，针对其抽象性确定了系统化分析方法，以把抽象的变成具体的、现实的。通过系统性分解，AMI 综合评价理论最终完成了对抽象价值关系（需要满足关系）的分解，进一步推动了基于价值标准（需要）基础上的评价标准分析和评价指标（体系）分析。以价值关系的系统分解作为评价分析的起点和基点，能够促进哲学社会科学评价回归价值理性。

二　发展的观点

一切事物都是不断运动、变化、发展的，没有不运动的物质，物质的运动是无条件的、绝对的、永恒的，而静止是有条件的、相对的和暂时的，静止是运动的一种特殊状态。总体来看，世界动中有静、静中有动，万事万物是绝对运动和相对静止的统一。运动引起变化，变化促进发展，发展具有普遍性，自然界、人类社会、人的认识都处于不断发展中。发展的实质是新事物的产生和旧事物的灭亡，任何事物的发展都是前进性和曲折性的统一。事物发展方向是前进的、上升的，发展道路是曲折的、迂回的，这是一切事物发展的总趋势。马克思主义关于发展的观点是唯物辩证法的基本观点，是唯物辩证法的又一个总特征，它要求我们要用发展的观点看问题，避免形而上学、用静止的观点看问题，克服思想僵化、因循守旧、墨守成规、抱残守缺和安于现状的旧观念。同时，要对未来充满信心，做好充分准备，不断克服前进道路上的困难，勇敢地接受挫折与考验，以实现更好的发展。陈新汉学者在《评价论导论——认识论的一个新领域》中提到，"（主体）多层次、多方面的需要相互依赖、相互从属，形成以主体的生存和发展为主线的一个需要体系"。① 这在一定程度上表明个体需要与其发展之间的紧密关系，以发展的观点来分析价值及其相关的评价（活动）问题十分必要。

发展的观点是 AMI 综合评价理论分解价值关系的关键方法。如果说系统的观点提供了分析方向——系统性地分解抽象的价值关系（使抽象化的变成具体化的），那么发展的观点则提供了分析工具，即立足发展的角度进行分解（使具体化的过程有章可循），提供了系统分解价值关系的"钥匙"。以发展的观点来看，所有对象相关的价值关系（需要满足的关系）不是一开始就有的，存在一个从无到有、从少到多、从单一到庞杂的过程，这表明评价对象相关的价值关系一定存在不断变化、发展的过程，这成为 AMI 综合评价理论根据发展的观点实现对于价值关系的系统分解的关键，即 AMI 综合评价理论立足价值关系发展的过程，将价值关系从无到有的过程划分为三个阶段，即孕育（价值条件准备）、创造（价值内容创造）和实现（价值关系建立），进一步确立评价标准——价值产生的基础、价值创造的能力和价值实现的水平，以提高对抽象价值关系进行评价的可操作性，并且依照评价标准设定了吸引力、管理力和影响力三位一体的评价指标。AMI 综合评价理论的评价标准由三个要素构成，这三个要素在空间维度上包含价值关系产生的条件、关键和结果，涵盖价值关系发展过程中的全要素，在时间维度上能够兼顾价值关系未来、现在和过去的各发展阶段的全过程。由于价值关系的建立过程反映到实际中就是单个评价对象的实际发展过程，所以，上述在发展观下构建的评价标准所涵盖的价值关系发展的全要素、全过程，其实就是评价对象于社会环境中进行自我建设和发展时的全要素、全过程，因此，这一标准下的评价活动能够为现实中对象的发展提供更多细节，带来更

---

① 陈新汉：《评价论导论——认识论的一个新领域》，第 183 页。

多启发。实质上，AMI 综合评价理论在分解价值关系时所运用的发展的观点，为其"促进对象发展"这一评价目的实现的可能性和现实性提供了根本的理论支撑。

三　矛盾分析法

矛盾分析法是对立统一规律在方法论上的体现，在唯物辩证法的方法论体系中居于核心地位，是我们认识事物的根本方法。[①] 对立统一规律揭示了事物普遍联系的根本内容和变化发展的内在动力，是贯穿量变质变规律（关于变化的规律）、否定之否定规律（关于发展过程的规律）和唯物辩证法基本范畴的中心线索，也是理解这些规律的"钥匙"，它从根本上回答了事物为什么会发展的问题。作为唯物辩证法的实质和核心，对立统一规律提供了人认识世界和改造世界的根本方法即矛盾分析法。

矛盾是反映事物内部和事物之间对立统一关系的哲学范畴，这一概念本身便折射出矛盾的两种基本属性，即同一性和斗争性：矛盾着的对立面既存在相互依存相互贯通的性质和趋势，也存在相互排斥、相互分离的性质和趋势，矛盾的同一性和斗争性相互联结、相辅相成。矛盾的同一性和斗争性要求在观察和处理问题时，要善于把两者结合起来，在斗争和同一中推动事物发展。除了同一性和斗争性，矛盾还具有普遍性和特殊性，其中普遍性指矛盾存在于一切事物中，存在于一切事物发展过程的始终，这要求强化矛盾意识、问题意识；特殊性指各个具体事物的矛盾、每一个矛盾的各个方面在发展的不同阶段各有其特点，这要求具体问题具体分析。此外，事物由多种矛盾构成，有特定的矛盾体系，其中，主要矛盾处于体系中的支配地位，对事物发展起决定作用，次要矛盾处于体系中的从属地位，对事物发展起次要作用。在每一对矛盾中，存在矛盾的主要方面，即处于支配地位、起着主导作用的一方，还存在矛盾的次要方面，即处于被支配地位、不起主导作用的一方，事物的性质是由主要矛盾的主要方面决定的。这要求在实际工作中，要

---

① 《马克思主义基本原理》（2021 年版），第 46 页。

坚持"两点论"和"重点论"的统一，既要全面地看，也要看主流和大势，抓主要矛盾和矛盾的主要方面。

AMI 综合评价理论以矛盾分析法分析评价问题，主要体现在以下几个方面。其一，将矛盾的普遍性原理运用于评价理论研究工作，坚持问题导向，基于现实的哲学社会科学评价问题着手进行评价理论研究。其二，根据矛盾的特殊性原理，具体问题具体分析。依托学术评价，超越学术评价，主张在实际评价项目中根据不同评价对象的特点和运作规律，设计具体的、有针对性的指标，并通过权重设置提高指标体系的适用性和灵活度（对于成果性评价对象可通过权重设置实现对管理力指标的灵活取舍）。其三，分析和把握评价理论及其实践活动中的主要矛盾。以基本概念和要素分析为基础，将构建评价体系作为当前哲学社会科学评价理论研究的关键（主要矛盾），详细分析评价中的各要素；将构建评价指标作为评价实践（活动）的关键与核心环节（主要矛盾），详细论述 AMI 综合评价指标体系构建的思路和方法。[①] 其四，坚持两点论，在对立统一中把握哲学社会科学评价中的矛盾关系，审慎处理评价中的矛盾关系：将政治立场纳入学术评价体系，主张哲学社会科学评价（学术评价）应兼顾政治性、学术性和社会性三个方面；在方法和技术层面，主张根据指标的实际情况选择合适的评价技术，[②] 追求定量方法和定性方法的更好结合，探索内容评价和形式评价的更好融合，促进哲学社会科学评价从工具理性主导回归到价值理性和工具理性的平衡与和谐。矛盾分析法下的 AMI 综合评价理论为创新中国特色哲学社会科学评价理论及应用研究提供了一种可能。

[①] 下文通过"吸引力评价""管理力评价""影响力评价"三个章节详细论述如何构建 AMI 综合评价指标体系。

[②] 允许吸引力评价中定性方法多一些，管理力评价中定量方法和定性方法适当结合，影响力评价中定量方法多一些。

第三章

AMI 综合评价理论的构建

本章基于基础评价理论，按照评价五要素阐述 AMI 综合评价理论的构建过程。评价的五个要素如同人体的"骨骼系统"，构成了 AMI 综合评价理论的基本框架，保障了 AMI 综合评价活动的坚实性和稳固性。关于评价五要素的具体规定如同人体的"血肉组织"，构成了 AMI 综合评价理论的具体内容，体现了 AMI 综合评价理论的主要内涵和思想。二者是认识、理解AMI 综合评价理论的关键。

第一节 把握评价主体

作为评价体系中最具能动性的要素，评价主体对于整个评价体系、实际评价活动均十分关键，它对评价方法、评价指标等其他评价要素存在重要影响，主导着评价活动的方方面面。把握评价主体就是要把握评价主体的评价立场、评价目的和评价标准三个子要素。

一 评价立场

AMI 综合评价理论的评价立场，即运用该理论进行评价实践的评价主体的评价立场，实质上也是理论的创立者、使用者的立场。了解理论构建者所处的立场是认识理论的前提，是把握未来运用该理论进行评价实践的主体的评价立场的关键。

AMI 综合评价理论由评价院创立、发展。作为隶属于社科院的直属机构，评价院服务于社科院，有着自身特定的职能和定位，这是评价立场的直接决定因素。社科院作为国务院直属事业单位，是马克思主义的理论阵地、为党中央和国家决策服务的思想库、中国哲学社会科学研究的最高学术机构和全国哲学社会科学综合研究中心。[①] 社科院与哲学社会科学、党和国家之间的这一关系是评价立场的根本决定因素。总的来看，AMI 综合评价理论以马克思主义为指导，坚持运用马克思主义基本原理和贯穿其中的立场、观点、方法，其评价主体的直接评价立场（地位和态度）是服务于社科院的部署和要求、促进哲学社会科学繁荣的立场；根本评价立场是服务于党中央和国家、服务于人民的立场，即人民立场。

以上评价立场使得运用 AMI 综合评价理论的评价主体须站在国家和社会的整体、立足哲学社会科学的全貌进行评价实践活动，即价值主体是社会整体和全局，而不是某一个阶层、某一种群体或某一类人。运用该理论的典型评价主体为国家和社会的决策者、管理者，其代表国家意志，反映社会整体的需要，关注的是评价对象的整体价值（政治性、学术性和社会性价值），实际上，其也承担着分配社会资源的重大责任。在这样的评价立场下，评价主体的具体形态最好应为非营利性（公益性）的国家级的机关及其下级组织或社会组织，而非地方性的组织或评价对象群体中的一员，其中，非营利性的主体特征来自评价立场的要求，国家性主体特征在于确保评价能够总揽全局，保持战略高度，并确保评价过程和结果的公平和公正。

二 评价目的

基于上述评价立场，AMI 综合评价理论指导下的评价活动的直接评价目的是：通过哲学社会科学 AMI 综合评价，引导评价对象的建设、发展。

---

① 《中国社会科学院职能配置、内设机构和人员编制规定》，2022 年 4 月 27 日，中国政府网，http://www.gov.cn/zhengce/2022-04/27/content_5687971.htm，最后访问日期：2022 年 12 月 26 日。

这一目的与我国当前高等教育评估中的"以评促建、以评促改、以评促管、以评促强"方针内涵异曲同工。① 最终的目的在于，通过评价这一"指挥棒"促进中国特色哲学社会科学的发展和繁荣，进而推动社会发展。AMI综合评价理论认为，如同一枚硬币的两面，哲学社会科学领域内评价对象个体的发展与哲学社会科学发展、社会整体发展根本上是统一的，长远地看，那些能够实现持续发展的个体契合社会整体的发展需要，符合社会发展的整体趋势，本质上，个体的发展就是宏观的社会发展于微观中的反映。

为实现这一目的，AMI 综合评价理论主要运用于两类评价。一方面，AMI 综合评价理论以学术评价为突破，基于现有学术评价问题分析，探索、构建关于评价的新思想、新理念、新思路和新方法，通过 AMI 综合评价引导价值取向，营造学术评价和学术研究的良性互动关系，营造风清气正的学术氛围，改善当前学术评价的不良倾向，同时，优化学术资源的分配，提高学术评价的质量，增强学术与社会实践的紧密度，推动学术研究及其管理水平的提升，促进哲学社会科学发展和繁荣。另一方面，立足评价院、社科院平台，以"为党中央和国家决策服务的思想库"为目标，运用 AMI 综合评价理论探索、解决社会建设和发展中的相关评价问题，如公共政策评价、教育评价等相关问题，更直接地服务于国家治理、发展和建设。上述两方面使AMI 综合评价理论既"仰望星空"又"脚踏实地"，既关注学术评价也重视社会评价，齐头并进地促进哲学社会科学理论研究和实践发展。

三 评价标准

1. 以价值为主线

对于价值及其背后关系的研究和分析可以说是评价论、价值论研究中的基本问题，② AMI 综合评价理论中对于评价标准的探索以价值为研究主线。

---

① 《教育部关于印发〈普通高等学校本科教育教学审核评估实施方案（2021—2025 年）〉的通知》，2021 年 2 月 3 日，中华人民共和国教育部官网，http://www.moe.gov.cn/srcsite/A11/s7057/202102/t20210205_512709.html，最后访问日期：2023 年 3 月 19 日。

② 马俊峰：《评价论研究的几个理论问题》，《理论与现代化》1999 年第 12 期，第 4~8 页。

为何须将价值作为评价标准研究的主线？本书认为主要原因有以下几点。

（1）价值是研究评价问题的核心

对价值的分析是评价始终绕不开的核心内容。通过前述一般评价理论的分析，可以看出，评价理论属于价值论的范畴，其中关于评价本质、结构、特征的分析，更加彰显出价值于评价内容中的核心地位：首先，评价的实质表明评价是关于价值观念的活动，价值关系是评价活动的根本对象；其次，价值关系是评价客体中价值主体和价值客体的关系纽带；最后，评价活动相对于认知活动体现出的几方面特征根源于评价活动中对于价值的关注。因此，在研究评价过程中，价值是始终绕不开且应该面对、必须面对的内容。

（2）价值是实践中评价标准的根本决定因素

价值是不同评价对象背后的共通点。诚然，对象种类多样，有个体（人）、组织（项目、机构）、事物（有形的物质财富、无形的精神）等，并且随着时代的发展，评价对象的表现形式更加丰富多彩，不同对象的具体功能更是千差万别，因此，如果从千姿百态的评价对象的具体属性和功能出发，很难构建出一个具有普遍适用性的评价规则或方法。实际上，万变不离其宗，无论对象的具体形态和表现形式如何，评价者需要把握的始终是某一评价对象对于人的价值。李德顺在《价值论——一种主体性的研究》（第3版）一书中也认为："在评价标准的背后决定着它的，是价值标准。"[1] 此外，基于人类需求而存在的价值，存在一定共性，这种共性的根源在于价值的客观性，根源于一定社会发展阶段中的人类社会需求的客观性、时代性。因此，对于具体表现形态和形式千差万别的评价对象，遵循价值这一主线，能够抽茧剥丝、删繁就简，构建具有普遍指导意义的评价规范或分析范式，构建评价原则、方法和理论。

（3）价值是哲学社会科学无法回避的问题

哲学社会科学具有独特的价值导向作用。自然科学研究侧重于追求真理

---

[1]　李德顺：《价值论——一种主体性的研究》（第3版），第176页。

（辨别真伪），如同认知活动，在于探索世界的本来面目，因此，自然科学研究有较为统一和客观的评价标准，即"真假"标准。相较于自然科学，哲学社会科学以人、社会及社会中的各类事物、现象和活动为研究对象，其研究活动评价标准在于是否促进人需要更好地满足，但是由于社会中个体、群体等主体形式的多样，整体需要异常庞杂，价值追求十分多样，并且越来越多的事实证明价值具有多元化特征，[1] 这使不同的价值标准与追求成为一种常态。但一个社会、国家的稳定和发展需要主流价值观的存在，主流价值观缺失容易造成社会不同群体的割裂，危害社会的团结、稳定、发展和繁荣。因此，促进社会核心价值观的统一、加强对于核心价值观的引导是哲学社会科学发展的应有之义，价值问题是哲学社会科学所有学科无法回避的问题。[2] 综上，不同于自然科学，哲学社会科学在求真的同时，还要发挥调和价值冲突、规范和引导价值观念的作用，部分哲学社会科学学科甚至要突出鲜明的意识形态属性。作为哲学社会科学发展的重要"指挥棒"，哲学社会科学领域内的评价实践和理论研究更要突出对于价值的分析。

2. AMI 综合评价的评价标准

对于哲学社会科学的评价标准研究，AMI 综合评价理论从哲学社会科学对象的普遍特征着手。相较于自然科学，哲学社会科学的本质不同在于，它的研究对象始终以人为核心。比如，人文科学以人的内心活动、精神世界以及作为人的精神世界的客观表达的文化传统及其辩证关系为研究内容和研究对象；社会科学以人类社会为研究对象。因此，尽管哲学社会科学评价对象的具体形态各异，但本质上总属于人（个人或组织）、人（个人或组织）的活动、人的活动的（物质的和精神的）产物中的某一种，其核心特征在于，始终以社会中的人（个人或组织）为本源。正如社会中的人存在追求更好地生存和发展的天性，哲学社会科学领域内的任何对象也在一定程度上

---

① 严宾：《价值多元主义——以赛亚·柏林政治哲学主旨研究》，博士学位论文，南京大学，2016，第 82 页。

② 仇德辉：《统一价值论——社会科学通向自然科学的桥梁》（上），中共中央党校出版社，2018，第 2 页。

"拟人化"了——存在生存发展和自我建设的需要（以避免在社会优胜劣汰中被淘汰或追求更长久的存在和影响）。同时，由于社会是一个复杂的系统，评价对象于社会中的生存和发展过程，也是其自身被用于人需要满足的过程，这如同硬币的两面，体现的是社会发展中个人与社会的统一、主观与客观的统一。

综上，AMI综合评价理论以价值论为根基，在马克思主义系统观、发展观的方法论指导下，结合评价对象的普遍特点，动态地、历史地看待哲学社会科学领域内对象的价值，将价值关系（需要满足）与对象发展的现实联系起来，联系且系统地分析需要满足、对象发展过程，根据满足需要的基础条件、满足需要的关键能力、已达到的需要的满足水平，具体化、过程化地分析价值标准（需要），构建系统的评价标准，即以是否存在满足需要的基础条件、是否具备满足需要的实质内容的创造能力、已达到的需要满足水平如何为评价标准。该评价标准由三个要素构成，描述的是需要满足的基础条件、关键能力和已有水平，也即价值关系的基础条件、关键能力和已有水平，它们分别对应价值孕育、价值创造和价值实现三个价值关系产生环节，对应评价对象可能产生的价值、正在创造的价值和已经实现的价值三种价值形态，对应人追求价值过程中的发现价值、创造价值、享用价值的三个价值追求阶段。该标准简记为"价值产生的基础、价值创造的能力、价值实现的水平"。AMI综合评价理论中评价标准的这三要素不可分割，共同组成一个有机统一体，展现着AMI综合评价理论的评价思维和逻辑，使AMI综合评价理论既在内涵上包含价值内容，又在框架上遵循着价值关系从无到有的规律和逻辑（见图3-1）。

AMI综合评价的首要评价标准是评价对象价值产生的基础。价值产生的基础主要指对象存在的、可能满足人需要的客观内外部因素和条件，它代表对象可能产生的价值，即对象可能满足人需要的基础、条件和形势，形成对象的价值潜能。对象价值产生的基础是价值创造和价值实现的前提，在社会实践中，它一方面是对象自身生存、实现自我价值的前提，另一方面也是其被社会利用、满足人类需求、实现社会价值的基础，它影响着人们对于对

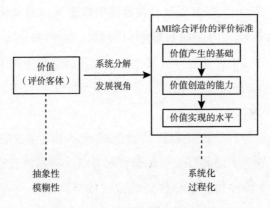

图 3-1　AMI 综合评价的评价标准

象的观念，影响着后续人们利用对象的程度。具备良好价值产生的基础的对象，能够引导那些意识到自己需要、寻求需要满足（找寻潜在价值）的主体的行为，能够辅助那些尚未意识到客观需要的人发现自己的需要、确立行为目标，进而推动社会实践的有序发展，为更好、更快的价值创造提供条件。因此，尽管价值产生的基础并不涉及实质的价值内容，但如同社会生产中的生产准备阶段，它是价值创造的基础和条件（反映了价值形成的客观性的因素和条件），对价值创造和价值实现环节存在首要且重要的影响，成为 AMI 综合评价的首要考察的对象和评价标准。

价值创造的能力是 AMI 综合评价的另一个关键考察对象和评价标准依据，它指基于价值产生的基础，通过资源管理、组织，进行价值实质内容创造的效能。价值创造的能力以价值产生的基础为条件，又是后续价值实现的前提，是连接性的、关键性的评价标准要素。价值创造能力关乎价值内容的实质创造效能，即需要所指向的内容（对象的属性、功能等）的创造效能，它反映了将价值产生的基础转化为能够满足人类需要的实质性的功能、属性的有无、多少和程度，是对象完成价值形态转化、具备新属性新功能的创造性过程。之所以称为"创造"而非"制造"，是因为这一过程不是各类基础条件性资源的简单相加过程，而是价值增值过程。这是因为，在价值创造的过程中，"拟人化"的评价对象由于人的改造和利用，其价值实质内容的创造过程是能动的、创新的，改造后的对象具有原来没有的新属性和新功能。比如，新的学术成果在形式上不过是已有文字的新的排列组合，但内涵上却能够反映出社会原本没有的新思想。再比如，社会机构/组织通过资源组合实现的"1+1>2"的社会生产效应以及规模产出效应。没有实质性的价值新内容（如新功能、新属性、新内涵等），对象就不具备满足人需求的内容基础，因此，如同社会生产中对产能起着关键核心作用的生产环节，价值创造的能力是影响价值有无和多少的关键因素，相较于客观的价值产生的基础，它是更为主观性的因素，最能体现人的能动性、创新力。因此，价值创造能力对价值关系的建立具有关键性影响，成为 AMI 综合评价中重点考察的内容和评价标准，最能体现 AMI 综合评价理论的特色。

价值实现的水平是 AMI 综合评价最后一个重要的考察内容和评价标准。价值实现的水平指的是经过价值创造后，评价对象对于人需要满足的情况，包含价值关系的有无、广阔度、幅度和深远度等。价值实现的水平是评价对象基于客观实际的价值产生基础、主观能动的价值创造能力共同作用后，而发生的实际价值发挥情况。如同马克思所言，"商品价值从商品体跳到金体上……是商品的惊险的跳跃。这个跳跃如果不成功，摔坏的不是商品，但一定是商品占有者"，[①] 价值实现也是价值关系发生过程中的"惊险的跳跃"，如果价值实现失败，"摔碎"的不是评价的对象（各类资源），而是进行无效实践活动、精力被无效消耗但仍未实现需要满足的人。相较于价值产生的基础的客观性、价值创造的能力的主观（能动）性，价值实现的水平对应价值实现环节，是一种主、客观要素作用后的实际性结果，偏客观性，同时也包含一定的主观性。比如，在价值实现环节，通过对对象进行广泛宣传、传播，提高对象的利用程度，则可能发掘对象价值，使对象出现超预期的作用效果和影响力。因此，如同社会生产中生产环节后的一系列流通、宣传等促进社会交换的活动，围绕价值实现的相关活动，能够对评价对象的价值实现（需要满足）水平产生直接和重要的影响。AMI 综合评价理论将这些促

---

① 《资本论》（纪念版）（第一卷），人民出版社，2018，第 127 页。

进价值实现的活动纳入"价值实现的水平"评价标准要素，将价值实现的水平作为评价标准系统的最后一个重要考察因素。

第二节　明确评价客体

作为哲学社会科学领域内的评价理论，AMI 综合评价理论适用的评价客体为哲学社会科学领域对象的价值关系（价值事实），更准确地讲，是哲学社会科学领域对象对于社会整体性的价值关系。这里"社会整体性的价值关系"有两层内涵。第一层内涵是，AMI 综合评价理论指导的评价实践以整个社会为价值主体，即 AMI 综合评价从社会整体或主流的角度出发，去考察和评定哲学社会科学领域内各类评价对象的价值，判明它们对于社会整体的意义。[①] 这一内涵由 AMI 综合评价理论特定的评价立场决定。第二层内涵是，AMI 综合评价所判断的价值关系是对象多维度的综合价值，而非其某一维度、某一方面的单项价值（如经济价值、科学研究价值或审美价值等）。这一内涵由涵盖价值关系产生的各过程、各要素的 AMI 综合评价标准决定。

评价客体范畴内的一个重要元素为评价对象（价值客体），结合具体的评价活动，AMI 综合评价理论应用的评价对象的具体表现形态、种类多样。目前该理论主要应用于哲学社会科学领域，尤其是学术评价所常涉的机构、成果、项目、人才和学科等。此外，结合实际具体需要，也可对国家重要政策实施、产业发展等情况展开评价、评估。AMI 综合评价理论以发展的观点看待评价对象及其评价，根据哲学社会科学领域内评价对象运作、发展的特征，可将评价对象划分为两类：一类为组织类、活动类评价对象，如学术机构、学科、项目、经济产业等，这类评价对象以动态的形式存在、延续和发展，常涉及多种资源的运转、协作，存在典型的社会管理活动，AMI 综合评价理论目前主要应用于此类评价对象；另一类为个体类评价对象，如学

---

① 李德顺：《价值论——一种主体性的研究》（第 3 版），第 193 页。

术成果、学术人才等，这类评价对象或以一种静态的方式存在，或者其发展并不涉及社会性管理活动，AMI 综合评价理论在个体类评价对象方面的应用有待进一步探索。

第三节　构建评价指标

通过上述关于评价标准的分析可知，AMI 综合评价的评价标准以价值为主线，围绕价值关系从无到有的发展过程而确立。作为评价标准于评价对象中的映射，评价指标的构建以评价标准为基本遵循，故 AMI 综合评价以价值产生的基础、价值创造的能力、价值实现的水平三位一体的评价标准为指引，构建出吸引力指标、管理力指标和影响力指标三个基础评价指标（一级评价指标）。AMI 综合评价标准和评价指标最能体现其核心评价思想、思路和逻辑。

一　吸引力指标

价值产生的基础属于价值产生的条件性、基础性的层面，鉴于日常生活、工作交往中，某物或某人的发展从其对于外部存在吸引力开始（即人们开发和利用某物、人与人进一步联系和交往的基础和条件基于吸引力的条件），故 AMI 综合评价理论构建吸引力评价指标，将其作为价值产生的基础这一标准在评价对象中的映射。由于评价指标是评价标准在评价对象中的映射，作为评价指标，吸引力指标在概念上描述和形容的是评价对象及其发展的情况。[①] 具体来看，吸引力主要描述的是评价对象的特征、属性、功能和外部条件等（静态性的）基础发展条件情况，它反映了评价对象于实际社会生活中的基本发展条件、能够引聚资源的能力。总之，AMI 综合评价理论对照价值产生的基础这一评价标准设置了吸引力（Attractive Power，简称

---

① 从内容上看，评价标准主要描述、形容的是抽象的人的需要满足（价值关系）的层面，而非对实际的、具体的评价对象的描述。这里可以更深刻地体会评价标准和评价指标二者的本质差异之所在。

为"A")评价指标，旨在通过吸引力评价来客观、具体地评估对象的基本发展条件，评估对象的未来发展潜力，映射对象的价值潜力。吸引力评价是一种静态的、面向未来的评价。

二 管理力指标

价值创造过程如同社会生产的过程，价值创造的能力如同社会生产的效能。生产创造的过程本质由计划、组织、领导、协调、控制等一系列活动组成，结合实际的社会活动，上述活动的效能很大程度上由管理力决定，故AMI综合评价理论构建管理力评价指标，将其作为价值创造的能力这一标准在评价对象中的映射。如同吸引力，作为评价指标，这里的管理力也主要是针对客观评价对象而言的，具体地讲，管理力描述的是与评价对象相关的资源整合、组织、协调等（动态性的）管理情况，它反映了实际的社会物质生产和思想创造的关键效能和关键能力。总之，AMI综合评价理论对照价值创造的能力这一评价标准设置了管理力（Management Power，简称为"M"）评价指标，旨在通过管理力评价来客观、具体地评估对象的关键发展能力，评估对象的当下发展能力，映射对象的价值能力。管理力评价是一种动态性、关注当下的评价。

三 影响力指标

价值实现的水平本质是一种人（社会）的需要被满足的水平，它既是主体主观性的感受，也是主体客观性的状态，因此，它虽不能被直接地触摸、衡量，但因其客观性的一面，总有一些"痕迹"可寻。这一方面是因为，在需要被满足过程中，存在主体和对象的接触，而接触是可以被观察的（如举行会议、阅读书籍），能够通过定量分析"捕捉"到（如会议数、阅读量）。另一方面是因为，需要被满足前后，主体行为常常存在一定变化（如因摄入充足的食物消除饥饿，满足了有食物需要的人，对食物的摄入量会发生变化，前后食物量的变化即体现出需要被满足这一状态的存在）。这种变化是价值实现的根本体现，并表现为对象的影响力，并且，一些变化

（如显著的变化）可以通过定量分析或定性分析"捕捉"到，即一些影响力能够被衡量。因此，AMI 综合评价理论构建出影响力评价指标，将影响力作为价值实现的水平这一标准在评价对象中的映射。需要注意的是，这里的影响力是一种更为广义的概念，包含"形式影响"和"实质影响"两种影响，反映影响过程（即价值主、客体接触的过程）和影响实效（对象对外部引发的实质性的正向的变化、作用）两方面。① 作为评价指标，影响力的内涵也主要指向评价对象，具体地讲，影响力描述的是评价对象对于外部的积极影响、作用和贡献等情况，它反映了评价对象被人（社会）实际利用的水平。总之，AMI 综合评价对照价值实现的水平这一评价标准设置了影响力（Impact Power，简称为"I"）评价指标，旨在通过影响力评价来客观、具体地评估对象的实际发展水平（也即对象被社会利用的水平），评估对象过去的发展结果，映射对象的价值实力。影响力评价是一种结果性、回首过去的评价。

结合对象发展实际，观察和分析评价指标，可以有新的发现，即前一发展周期中对象的影响力，可以内在地积淀为后一发展周期中对象的吸引力（如现实中，对象的高影响力本身似乎就是导致高吸引力的重要原因）。这在那些经营性的评价对象中体现得更为明显，如智库、学校等机构性的评价对象，影响力和吸引力之间的这种关系，对应着对象发展的良性循环或恶性循环。影响力和吸引力之所以呈现这样的关系，根本原因在于，AMI 综合评价理论对于实际中的对象的发展过程的分析是动态的、连续的，对象发展是有周期的，且不同发展周期之间不是割裂的，而是紧密联系的，即前一个发展周期会影响后一个发展周期。周期内发展环节的密切关系（吸引力、管理力和影响力密切联系）、周期间的彼此联系（影响力与吸引力彼此关系）使

---

① 这里，AMI 综合评价理论将影响实效所必经的"接触过程"也视作一种影响，是一种"形式影响"。衡量这种形式影响对于把握评价对象一些相对微弱、不易被觉察/感知或短期无法显现的影响十分关键，毕竟依靠现有技术，这些影响的实效仍无法被有效分析、衡量。因此，"形式影响"与"实质影响"一同构成 AMI 综合评价理论中的"影响"，被纳入影响力评价。

对象在整个生命周期内的发展是连绵不断的。由此来看，吸引力、管理力和影响力三个基本评价指标能够涵盖评价对象发展的全过程。这三个评价指标承前启后、相互关联，与对象发展周期内的前、中、后期各阶段相对应，并且还体现出周期之间的关联性，三指标三位一体，共同构成关系紧密的逻辑闭环，形成一个比较稳固的、系统的评价模型（见图 3-2）。综上所述，围绕对象的吸引力评价、管理力评价和影响力评价符合对象发展的客观规律，反映了对象实际发展的全过程，映射出价值关系建立的全过程（人满足自身需要的过程），是发展观点下围绕评价对象进行的整体性、系统性的综合评价。

以上内容论述了三个基本评价指标的构建，重在理论分析，侧重整体逻辑。实际上，吸引力、管理力和影响力三个指标因具有高度的概括性，无法直接用于现实的评价活动，因此，围绕这三个指标进行具体分析，思考它们各自下层级指标的构建思路和构建方法，探索 AMI 综合评价指标体系，重要且必要，能为已确定评价对象的具体评价项目提供指导和基本遵循。评价指标体系的构建直接影响评价活动及其质量，也是一项专业且复杂的工作，下文用三个章节详细分析，此处暂不展开论述。

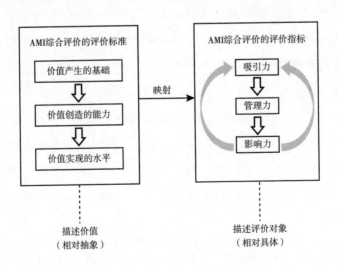

图 3-2　评价标准和评价指标关系

第四节　选定评价方法

从评价方法的广义概念来看，前文中所论述的方法论其实也可视为评价方法，只不过是分析评价问题时采用的一种宏观意义上的、指导性的方法。此处对于 AMI 综合评价理论所运用的评价方法的分析，包含了微观上的、AMI 综合评价具体活动中获取和分析信息时所运用的方法和技术。整体来讲，不论立足评价方法的哪种内涵（一种内涵是宏观分析、思考和设计评价等广义层面的方法，另一种内涵是微观的、信息处理等狭义层面的技术），均可将 AMI 综合评价的评价方法概括为综合评价方法。

一　综合评价方法

综合评价的思想自古有之，在当前评价理论研究和实践过程中，综合评价方法主要指通过对研究对象的多个方面的数量表现进行抽象和概括，以定量的形式评判研究对象的综合优劣程度的一种统计分析方法。[①] 运用综合评价方法的评价活动的特征主要为基于多个因素，通过针对多个较为系统、复杂的评价对象设置多个统计指标进行量化分析，综合得出关于评价对象的一个整体性评价。[②] 运用综合评价方法进行的评价活动，既是一个统计活动过程，又是一个定量的思维过程。综合评价方法被广泛应用于经济、社会、科技、教育、管理与工程实践等领域，具体地讲，被用于评价对象的性能、业绩、功能或效能的综合评估，如绩效（效益）评价、教育评价、项目评价、竞争力评价、社会发展评价和科技成果评价等。综合评价方法是深刻理解和客观认识对象的重要手段，主要用于处理评价对象排序和优选等决策问题，能够为改善实践过程、优化管理措施、实施奖惩行为等提供关键支撑和重要依据。[③]

---

① 苏为华、陈骥：《综合评价技术的扩展思路》，《统计研究》2006 年第 2 期，第 32~37、81 页。
② 邱东：《多指标综合评价方法的系统分析》，《财经问题研究》1988 年第 9 期，第 51~57 页。
③ 彭张林、张强、杨善林：《综合评价理论与方法研究综述》，《中国管理科学》2015 年第 S1 期，第 245~256 页。

综合评价是一种定量分析，能够从整体上把握评价对象，主要实现途径为"综合"多个指标（或称变量、数据），故综合评价方法也被称为"多指标评价方法""变量综合评价方法"，它能够根据评价对象和评价目的，从不同的侧面选取、建立某种特征的评价指标体系，并通过一定的数学模型将多个评价指标值"合成"一个整体性的综合评价值，进而对评价对象进行全面的分类和排序。本书认为，综合评价方法的特点可概括为：多角度的综合（通过赋予权重的多个指标得出一个总值）、定量、排序和择优。运用综合评价方法时，权重的确定是十分关键的环节，权重确定方式因此成为划分各类综合评价方法的一个主要标准。①

通过以上分析可以发现，在当前评价理论和实践中，综合评价方法是一种微观层面的评价方法，综合评价理论的发展与统计科学的发展关系密切，② 因此，与其称为"评价方法"，不如称为"评价技术"。但是，随着经济社会的不断发展，评价问题日趋多样化，综合评价的系统性、复杂性逐渐提高，并在多个学科（统计学、运筹学、经济学和管理学等）交叉融合的基础上发展，因此，一部分学者将综合评价方法视为一种方法体系（一种更为广义的评价方法概念），而非一种狭义概念的评价方法（评价技术或评价手段），如刘大椿等学者认为综合评价方法是一种方法集合、方法体系和一系列方法的综合。③

确实，当前综合评价方法内在地包含多种"评价方法"，这些"评价方法"的本质区别在于信息获取、分析和处理技术的不同，主要有以下几种。①定性研究法，即运用语言或文字来描述事件、现象和问题，并对评价对象的特征进行信息分析和处理的方法，如专家会议法、直接评分法和 Delphi方法等。②定量研究法，即处理系统性评价对象的结构化、数据化等确定性

---

① 张霞、何南：《综合评价方法分类及适用性研究》，《统计与决策》2022 年第 6 期，第 31~36 页。

② 彭张林、张强、杨善林：《综合评价理论与方法研究综述》，《中国管理科学》2015 年第 S1期，第 245~256 页。

③ 刘大椿等：《人文社会科学研究成果评价体系研究》，第 118 页。

信息和非结构化、语言型、随机型、灰色、模糊等不确定性信息的方法，如层次分析法（AHP）、网络层次分析法（ANP）、模糊数学方法、灰色关联分析法（Grey Incidence Analysis，GIA）等。定量研究法的一个重要分支为基于统计分析的定量分析法，即以大量的统计数据为支撑，利用相关变量之间的相关性或相似性来得出评价结果（排序）的方法，如主成分分析法（Principal Component Analysis，PCA）、因子分析法（Factor Analysis）、聚类分析法等。③基于目标规划模型的评价方法，即基于多目标决策和多属性决策的思想，利用运筹学中的目标规划模型，择优选择方案、项目类评价对象的方法，如 ELECTRE 方法、数据包络分析法（DEA）等。①

二　AMI 综合评价的评价方法

相较于既有的综合评价方法的概念，AMI 综合评价理论的"综合评价"除了包含原有综合评价的含义，即 AMI 综合评价是一种多指标的综合评价，② 其内涵更为丰富——不仅是评价技术层面的一种综合，也是一种内容上的综合，即 AMI 综合评价理论中的"综合"体现为价值内涵上和技术方式上两方面的综合。这两方面的综合，保证了 AMI 综合评价理论对具有特定内涵的评价客体（对象对于社会整体的价值）的准确把握，保证了 AMI 综合评价过程和结果的科学性客观性。

1. 价值内涵上的综合

AMI 综合评价之所以存在价值内涵上的综合，一方面源自 AMI 综合评价理论自身独有的评价客体分析，另一方面源自系统的观念这一方法论的指导，因而要从这两个方面理解价值内涵上的综合的含义。一方面，AMI 综合评价理论通过以价值论为根基、以马克思主义唯物辩证法为指导，系统地分解了抽象的评价客体（价值关系）的产生过程，确立了价值产生的基础、

---

① 彭张林、张强、杨善林：《综合评价理论与方法研究综述》，《中国管理科学》2015 年第 S1 期，第 245~256 页。

② 结合下文关于 AMI 综合评价指标（体系）的论述可以看出，AMI 综合评价是一种多指标评价，此处不再详细说明。

价值创造的能力和价值实现的水平三位一体的评价标准。这使 AMI 综合评价成为一种综合价值关系的三层生成要素、三个形成环节和三种存在形态以及综合人们追求价值的三个阶段的评价，这是 AMI 综合评价在价值内涵上的综合的核心含义。另一方面，价值内涵上的综合也指 AMI 综合评价关注评价对象的多层价值属性。以 AMI 综合评价中较典型的学术评价为例，AMI 综合评价关注对象的政治价值、学术价值和社会价值三种价值内容。其中，政治性指 AMI 综合评价纳入对评价对象的政治立场、意识形态的评定，政治性是 AMI 综合评价特定的评价立场、评价主体的应有之义；学术性既指 AMI 综合评价关注对象的学术性价值、理论贡献（如创新性、原创性），也指 AMI 综合评价实践立足价值论、评价论等基础评价理论，注重评价活动的理论根基，确保评价活动的专业性、规范性；社会性指 AMI 综合评价关注对象对其外部社会发展的现实作用和意义，即关注对象的社会性价值（对象产生的社会经济、文化等方面的影响、作用和贡献等），关注对象自身于社会中的建设和发展情况，并针对对象发展提出实际可行的对策建议。价值内涵上的综合主要体现在 AMI 综合评价理论和实践对于评价标准和评价指标两个评价要素的观点和要求中。

2. 评价技术上的综合

评价技术上的综合主要来源于对当前评价问题的思考，对评价活动的客观准确性和内容内涵性两方面的平衡与协调。当前，随着统计学、计量学、大数据等学科和技术的发展，量化分析法成为科学研究的重要方法。目前，对于哲学社会科学及其评价，以量化分析为典型特征的综合评价方法不仅被广泛运用于社会生产和生活，也成为相对抽象和复杂的学术评价的主要方法。如学术成果评价，量化评价方法因其客观性、确定性成为主流方法。但是，量化评价存在一定不足。其一，存在一定的适用范围，如现实中存在大量非结构性事实，且某些关联因子难以量化，甚至某些数据和信息的选择与处理过程不可避免地带有主观色彩，这都会严重影响量化评价的客观性和准确性。其二，存在固有缺陷，量化评价不能对评价对象的内容、内涵（如思想、创造性）、性质等价值"质"的方面做出实际、思辨的衡量。比如，量化评价无法表现出评价对象的政治性、民族性、创新性等特质，因此，过度依赖量化评价容易引发对形式的片面关注和对内容的忽略，长此以往，易引发评价活动工具理性和价值理性的失衡，导致评价功利化，出现价值取向扭曲现象，不利于实现哲学社会科学事业的健康、高质量发展。评价技术上的综合主要体现在 AMI 综合评价实践中信息收集、分析和处理的过程，即评价技术的选择中。

鉴于上述分析，AMI 综合评价在评价技术上的综合含义相对明确，即定量评价和定性评价两种评价技术的综合，它要求根据对象的实际属性和特征设计评价指标，选择恰当的信息处理方式和技术处理评价指标。对于适合定量分析的指标，量化分析多一些；对于适合定性分析的指标，内容分析多一些。正如高翔院长所言，"缺少量化的定性评价是主观随意的，而缺少定性的量化评价是残缺不全的。我们要构建的评价体系，应该坚持定量与定性相结合，在充分掌握数据材料的基础上，进行多角度的深刻的本质分析与概括，努力实现定量评价与定性评价的动态平衡"，[①] 当前哲学社会科学评价领域，尤其是学术评价，今后一个重要的调整是将以量化为主的评价转为定性和定量相结合的评价。综上，AMI 综合评价理论针对当前评价的现实问题，确定评价技术上的综合——定量评价技术和定性评价技术相综合这一评价方法，以实现关于对象价值的质量与数量的平衡、内容评价和形式评价的平衡、工具理性和价值理性的平衡。评价技术上的综合是 AMI 综合评价理论及其应用的关键特征。

第五节　展示评价成果

AMI 综合评价理论目前主要运用于学术评价，其成果以报告的形式呈现。现有的 AMI 综合评价报告是关于 AMI 综合评价理论和实践的比较系统、

---

① 高翔：《构建具有鲜明中国特色的社会科学评价体系》，《中国社会科学报》2014 年 4 月 18 日，第 A08 版。

详细的展示载体，是了解 AMI 综合评价理论和实践的重要资料，其内容以评价结果为核心，此外也包含评价理论和模型、评价指标体系、评价目的和评价过程。未来，AMI 综合评价报告将规范对基本评价要素的阐释，此外，为了更好地实现促进对象发展这一直接的评价目的、保证评价成效，报告也会围绕对象发展，有针对性地论述相关的发展建议、经验或案例。

在成果的开放和使用方面，理论上，AMI 综合评价报告主要服务于哲学社会科学的决策者和管理者，并由他们使用，以帮助学术管理者了解评价对象的发展水平，优化资源配置，进行价值引领，推动学术发展。当然，为了评价理论和实践的完善与发展、满足社会交往的需要，评价结果也可被其他主体参考和使用，如评价对象相关领域的人士可通过 AMI 综合评价报告进行自我建设的检视和完善，评价理论研究者可通过报告了解相关评价思想、方法和观点，加强学术交流，推动理论创新。

第六节　小结

经过上述分析，可以看出"AMI 综合评价理论"这一名称背后的命名逻辑。名称中的"AMI"在字义上直接反映的是评价指标要素，更重要的是，它指代的是该理论的评价指标和评价标准背后所蕴含的整体、系统、全面的评价思想和评价思路，同时，它也是对评价方法中的价值内涵上的"综合"这一内涵的强调。名称中的"综合"主要反映的是评价技术上的综合，主要指的是综合运用好定性和定量两种技术进行评价的观点，体现的是工具理性和价值理性、形式评价和内容评价相平衡的观点。结合评价实际，面对数量与内容、本土与西方、当前与长远、理论价值和社会价值等矛盾（或称"看似矛盾的"）关系，"综合"也反映了这样一种观点，即要以客观规律为依据，实事求是，结合实际审慎、辩证开展评价活动。概言之，"AMI 综合评价理论"这一名称突出的是该理论的核心评价思想和关键评价技术，这也是将理论命名为"AMI 综合评价理论"的主要原因。

除了上述围绕评价要素的规定和观点，AMI 综合评价理论也存在一些关于评价实践的其他观点，如根据对象发展的规律和特点，进行中长期评价、确立评价周期；利用信息技术，建设关于学术评价的数据库、专家库；各评价团体加强交流和信息共享，找准评价定位，差异发展，减少行业内耗；等等。作为哲学社会科学领域内的评价理论，AMI综合评价理论蕴含关于评价及其活动的分析范式、基本观点和主要方法，其理论研究目标是能够对哲学社会科学领域内的评价活动提供一般性指导。

第四章

吸引力及其评价分析

　　根据评价标准，AMI 综合评价理论设定了吸引力、管理力和影响力三位一体的评价指标。然而，吸引力、管理力和影响力指标因其自身高度的抽象性和概括性无法直接用于现实的评价活动。因此，聚焦吸引力、管理力和影响力，进一步构建其下层指标，对于 AMI 综合评价实践具有重要指导意义。本章以吸引力为分析对象，遵循"是什么—怎么样—为什么—怎么做"的分析思路，[①] 首先对吸引力等相关基本概念进行界定；其次，对吸引力的产生过程和主要特征等一些特质展开分析，接着分析吸引力、对吸引力进行评价的重要意义；最后，构建吸引力下层指标，切实为 AMI 综合评价实践提供指导。本章是基于评价视角对吸引力展开的一般性理论分析，阐释了AMI 综合评价理论关于吸引力及其评价的基本观点。

第一节　吸引力的概念分析

　　概念是反映对象的本质属性的思维形式，回答"是什么"的问题，是理论构建和逻辑思维的基本单元。本节从语义分析、学科概念着手分析吸引力，并阐述以吸引力为中心的其他相关概念，基于此来界定 AMI 综合评价理论中的吸引力的概念。

---

　　① 第五章和第六章也遵循这一分析思路，下文不再赘述。

一　吸引力的概念

由于目前学术领域针对吸引力进行研究的文献比较稀少，本书从最基本的语义分析着手概念研究。把握吸引力的概念可以分两步。第一步，探索"吸引"是什么。国内最早与"吸引"相关的阐述源于《玉篇》，《玉篇》第五卷《口部》有"吸，引也"，这里用"引"来描述"吸"，可以看出"吸"和"引"在内涵上具有相近性。① 将"吸"和"引"结合，《现代汉语词典》（第 7 版）中将"吸引"解释为"把别的物体、力量或别人的注意力引到自己这方面来"，② 《现代汉语规范字典》（第 3 版）将"吸引"解释为某一事物依靠自身某种性质、特点等属性把其他人或物引向自己这方来。③ 这一概念给出了吸引力产生的原因，据此可以看出，"吸引"是发生于两方事物（一方是施加吸引力的主体，另一方是受吸引力作用、被吸引的客体）之间的、引起相向运动的一种效应或现象。

第二步，探索"吸引力"是什么。在当代科学中，虽然"吸引力"于一些学科领域存在明确定义，但不同学科领域内的概念内涵差异较大。在物理学中，吸引力是自然界中一种最普遍存在的力，它可以独立于人（社会），是任意两个物体或两个粒子间的、与其质量乘积相关的力。在心理学中，吸引力指的是组织或个体具有的、能引导人们沿着一定方向行动或前进的力量，它与人关系密切。在管理学（如市场营销学）中，有"市场吸引力"概念，指的是一个市场在其规模、成长率、历史毛利率、竞争强度、技术要求、通货膨胀等多种因素综合作用后产生的集聚力，用于描述给定市场或行业获取利润的可能性及其对潜在相关市场群体的吸引、集聚能力。

通过概念梳理、对比可知，尽管在不同范畴或学科领域内吸引力的概念差别较大，但内涵上仍存在共通之处。一是吸引力通常发生于两个或两个以

---

① 《玉篇》，中国哲学书电子化计划，https：//ctext. org/wiki. pl？ if = gb&res = 598705&remap = gb，最后访问日期：2022 年 3 月 26 日。

② 《现代汉语词典》（第 7 版），第 1398 页。

③ 李行健主编《现代汉语规范字典》（第 3 版），外语教学与研究出版社，2010，第 1400 页。

上相互作用的事物之间。以吸引力为中心，本书将产生吸引力的一方称为吸引力主体，吸引力主体具体表现形态多样，可为人，也可为物；受吸引力作用的一方称为吸引力客体，尽管其具体表现形式也十分多样，但在哲学社会科学领域，所有的吸引力客体本质均可归结到其背后的人。二是吸引力客体因吸引力作用而会发生某种运动或变化，且这种运动和变化使吸引力主、客体之间的距离更近或关系更密切。需要注意的是，对于不同的吸引力客体而言，同一吸引力主体的实际吸引力大小可能完全不同，比如，在相同的市场环境下，某一市场对于市场风险偏好者、市场风险中性者和市场风险规避者的吸引力就大不相同。明确吸引力客体是分析吸引力的必要前提。

对于吸引力主体和吸引力客体，本书认为有以下几点需要注意。一是吸引力主体和吸引力客体的区分是相对的而非绝对的，二者甚至可以相互转换。在一定的场景或条件下，吸引力主体和吸引力客体是一定的，但在场景转换后，二者可能换位。在相互吸引的情境中，吸引力主体从另一角度也是吸引力客体，而吸引力客体转变成吸引力主体，故需辩证地看待吸引力主、客体间的相互作用关系。二是基于吸引力而发生的客体运动能够对吸引力主体产生反作用，即吸引力客体的运动变化会引起吸引力主体一定的运动和变化。从理论上讲，吸引力客体对于吸引力主体的作用性质具有不确定性，既可能有利于后者的发展，也可能对于后者的发展起阻碍作用，且因人类活动的复杂性，这种反作用的不确定性在社会科学领域表现得更为显著。三是吸引力作为一种作用力，有大小和方向的规定，是一种矢量。吸引力源自吸引力主体，它作用于吸引力客体，使吸引力客体向吸引力主体发生聚集运动，明确吸引力客体及其形态特征对于吸引力的分析十分重要。

二 AMI 综合评价理论中的吸引力

基于上述分析，立足评价的情景，AMI 综合评价理论将吸引力（Attraction Power）定义为评价对象因自身良好的内在特质或属性、外部条件或环境而对其外部资源所产生的一种引聚力，并且这种引聚力所引起的资源运动能够为对象的发展奠定有利条件、发挥积极作用。AMI 综合评价理论的吸引力概念指明了评价对象吸引力的来源、作用对象、作用效果。

对于吸引力的来源，AMI 综合评价理论认为主要是评价客体自身良好的内在特质或属性、外部条件或环境。其中内在特质或属性是根源性的、绝对性的来源，外部条件或环境是第二位的、相对性的来源，如那些更靠近城市的景点相较于离城市较远的景区，因其区位优势而存在更大的年客流量，此时，区位条件便是一种相对性的吸引力来源。吸引力能够产生一定是基于对象某种良好的内在特质或属性，没有某种良好的内在特质或属性，对象外部条件或环境无法单方面成为对象吸引力的来源。下文分析吸引力水平的影响因素时，主要基于评价对象内在的特质属性和外部环境两个因素。结合社会实际，对象内在的特质属性和外部环境如同对象发展的根本基础，因此，在 AMI 综合评价理论中，吸引力成为映射"价值产生的基础"这一评价标准的评价指标。

吸引力的作用对象——概念中的"外部资源"（吸引力客体），这里指的是有利于对象（吸引力主体）发展、社会发展的一切事物。哲学社会科学领域内，吸引力客体的具体形态多样，常表现为人、资金、技术，甚至是抽象的人的关注度，比如，一个景区因其秀美景色所引来的大量客源、一项科研成果因其创新性引发的较高关注度，由于客源对于景区发展、关注度对于科研成果（的生命力）均存在正向作用，故客源、关注度属于 AMI 综合评价理论中的吸引力客体概念范畴。结合吸引的作用效果，由于这种作用是正向的、积极的，即利于对象发展的，因此，概念中将吸引力客体称为"资源"。

AMI 综合评价理论中吸引力的作用效果体现着吸引力概念相对上一小节中其他学科概念的新内涵，即评价对象的吸引力所引起的资源（吸引力客体）的运动或变化能够对对象自身的发展产生正向的积极作用。之所以具备这一内涵，是因为 AMI 综合评价理论立足于发展的视角进行评价，在于吸引力是对于"价值产生的基础"这一评价标准的映射，同时也是 AMI 综合评价理论"以评促建"式评价目的的要求。吸引力的这种作用效果使其如同一个漏斗形的"吸引器"，汇聚着有益于评价对象发展的外部资源

（如人力、物质、资金等）。通过上文表述可知，吸引力客体对于吸引力主体存在反作用，在 AMI 综合评价理论中，这种反作用也被要求是积极的，即吸引力的作用效果对于吸引力主、客体（即评价对象和外部资源）的发展的作用一般均是正向积极的。例如，马克思的作品因其内容的思想性和洞察性，散发着巨大的吸引力，这种思想吸引力吸引并引导着后人的持续关注和学习。在这一过程中，一方面，阅读者通过学习马克思的作品，实现认识世界、了解社会客观发展规律的求知需要；另一方面，作品本身因其吸引力而保持关注度，获得延续"生命力"（成为经典）的机会。AMI 综合评价理论中吸引力的这种新内涵，使 AMI 综合评价理论在分析对象吸引力、设置吸引力的下级指标时，更多从对象自身的良好潜质、属性或外部优势着手。

第二节　吸引力的特质分析

本小节基于吸引力概念，加深对吸引力的分析。第五章、第六章针对管理力、影响力，也存在相应的"特质分析"小节，可以将本书的"特质分析"理解为一种概念基础之上的深化分析，主要回答的是"怎么样"的问题，各章"特质分析"小节分析的具体内容有所差别，笔者主要根据"三力"实际及其论述评价指标设定的需要，确定相应的内容。

本小节分析的具体内容有吸引力的产生、主要特征等。其中，分析吸引力的产生主要是基于吸引力具有较高的抽象性，且学术上关于吸引力的分析较少，不如下文要分析的管理力、影响力那样普遍，因此通过分析吸引力的产生，可加深对于吸引力的进一步理解。分析吸引力的主要特征不仅是深化对于吸引力认知的必然要求，还是辨别 AMI 综合评价理论中吸引力、管理力和影响力的根本区别的必然要求。

一　吸引力的发生

依据 AMI 综合评价中的吸引力定义，吸引力就是评价对象（吸引力主体）因其内在特质或属性、外部条件或环境而具备的引聚外部资源的能力，这为分析吸引力的发生提供切入点。本书主要分析吸引力的原因要素、内在动力和发生过程，吸引力之所以相对更为抽象，一定程度上是因为其原因要素、内在动力和发生过程相对"隐蔽"。

评价对象的内在特质或属性、外部条件或环境是其吸引力产生的来源，是吸引力产生所依托的偏客体性的重要条件或影响因素，可视为吸引力产生的一部分要素，但它不是吸引力能够发生的全部原因，也没有表明吸引力产生的动力。哲学及其视域下的价值论提供了一种吸引力产生的原因、动力的分析视角。立足哲学视角，从形式上看，吸引关系是事物间联系的一种具体表现形态。根据唯物辩证法的观点，事物间的联系具有普遍性，即任何事物内部的各个部分、要素是相互联系的，任何事物都与周围的其他事物相互联系着，整个世界是一个相互联系的统一整体。这种事物间的联系折射到人类社会中，表现为社会中各主体间的相互联系、相互作用的关系，因此，基于吸引力的吸引关系本质是一种常见的联系形式，是发生于吸引力主体和吸引力客体之间的一种联系，吸引力客体及其背后的人是吸引力产生的另一重要因素。

分析吸引力发生的内在动力要从分析吸引力客体及其背后的人着手。"对立统一规律揭示了事物普遍联系的根本内容和变化发展的内在动力，从根本上回答了事物为什么会发展的问题。"[①] 吸引力产生的内在动力来自吸引力客体的相关矛盾。本章在阐释吸引力的概念时指出，"所有的吸引力客体本质均可归结到其背后的人"，更具体地讲，吸引力客体本质均可归结到其背后存在的未满足需要的人。经济学中的一个重要假设为：资源是稀缺的，其实，这种稀缺性一定程度上反映个体、社会需要经常处于一种未满足的状态，反映到价值论中，表现为人时刻在追逐价值。这样来看，需要的未满足状态与（本能性的）生存发展之间便形成一对矛盾，这对矛盾推动着人类的认识活动和实践活动。然而，认识活动和实践活动（追求满足需要的过程）不是一蹴而就、即刻完成的，而是试探性的、过程性的，吸引力

---

① 《马克思主义基本原理》（2021年版），第34页。

便在这一过程中产生。从这一点来看，基于需要的客观性（价值的客观性），吸引力也是事物之间一种客观性的联系。

把握吸引力产生的内在动力之后，便能进一步窥探相对抽象的吸引力的发生过程。存在需要的未满足状态与（本能性的）生存发展的矛盾的人具备认识并进一步实践的动力。认识活动最初是试探性的，在试探的过程中，人们会对与自己需要更匹配契合的事物（具有一定内在特质或属性、外部条件或环境）展现出较大兴趣，事物的吸引力便产生了。吸引力的产生能够拉近吸引力主、客体之间的"距离"，推动联系的加深，即进一步推动认识活动的深化、加快实践活动的发生。对于吸引力客体背后的人来说，吸引力产生的这一过程可能是自知自觉的，也可能是后知后觉的，甚至是不知不觉的。事实上，社会中的很多吸引力是不知不觉的，其中的一些人"知其然"而不必"知其所以然"。此外，吸引力客体的具体形态多样，不一定表现为人或群体，如存在投资需要的人，在发现感兴趣的项目后参与投资，此时吸引力客体的具体形态表现为资金投入。

二 吸引力的基本特征

特征是用来描述概念的，它是依据事物特性抽象出来的、用以表征该事物区别于其他事物的特点，是可供识别的征象或标志。深刻认识某一事物的关键是准确把握它的特性。分析吸引力特征的具体目的有两点：一是通过分析吸引力的特征，加深对吸引力的认识，这是准确提炼吸引力评价指标的下层指标、开展吸引力评价的基础；二是特征分析是更好地把握吸引力与管理力、影响力的区别，划清"三力"界限的必然要求。结合 AMI 综合评价实际项目，笔者深刻体会到仅依靠清晰、明确的概念是无法精准设定 AMI 综合评价指标体系的，如果没有准确地把握吸引力、管理力和影响力的各自特征，没有清晰地认知吸引力、管理力和影响力本质的区别，会导致一些指标的上下级隶属关系模糊，这十分不利于指标体系的稳固，也会进一步降低指标体系的说服力。

结合第二章对于评价特征的论述可知，由于看待事物的角度具有多面性，事物的特征常常是多维的，即选取的参照不同，事物所呈现的特征会有所不同，任何事物其实都有诸多特性，如结合吸引力概念，不难发现吸引力具有抽象性的特征，然而，抽象性也是管理力和影响力的特征。因此，出于上述分析目的，此处对于吸引力关键特征的归纳主要是在与管理力和影响力的对比、辨析基础上进行的。具体来看，吸引力的关键特征如下。

（一）吸引力的客观性

由上文吸引力产生的来源、原因可知，吸引力在本质上根源于人类尚未满足的需要，并以事物的内在特质或属性、外部条件或环境为重要条件，这两者均具有一定的客观性，即不以人的主观意志为转移。在第二章分析价值的特征时，本书曾表明价值以主体的客观需要为转移，而不以主观需要为转移，吸引力同样具有这种特征。从吸引力产生的两类条件来看，一方面，如同价值一样，吸引力偏主体性的条件——未满足的需要也具有客观性、历史性、阶段性；另一方面，吸引力偏客体性的条件——事物的内在特质或属性、外部条件或环境这一条件有着更为显著的客观性。当基于历史的、社会整体的角度时，吸引力的这种客观性更为显著；当对比分析吸引力、管理力和影响力时，吸引力的这种客观性也更为突出。需要注意的是，吸引力的客观性否定的是吸引力的主观性，但并不否定其个体性，即 AMI 综合评价理论承认，对于不同的吸引力客体，同一事物的吸引力水平存在差异。

在 AMI 综合评价理论中，客观性是吸引力的第一属性，准确把握这一特征对于认识吸引力、评价吸引力至关重要。一方面，吸引力的客观性使现实中事物的吸引力表现为事物一种先天的、固有的、条件性的或经过长期发展而沉淀出的特质，吸引力不是短期内能够经由人主观地影响和改变的、不是事物于短期内发展形成的，吸引力客观性的内涵与吸引力所映射的"价值产生的基础"这一评价标准所蕴含的条件性、基础性的内涵相契合。另一方面，吸引力的客观性还使得在评价某一对象（吸引力主体）的吸引力时，如设定吸引力评价指标，要从评价对象（吸引力主体）的这一客观属性去把握，即聚焦于对象自身，而非从吸引力客体及其背后的人的主观意志这一方面去把握。

（二）吸引力的稳定性

稳定性是吸引力第二位的特征，一定程度上是吸引力客观性特征的延伸。吸引力的稳定性根本上是因为未满足的需要具有客观性、历史性、阶段性，因为事物内在特质或属性、外部条件或环境，或长期发展中的积淀因素具有稳定性。以经济学中的成本构成做比喻，吸引力相当于经济学中成本构成中的固定成本，具有短期内不易发生变化的特征。吸引力的稳定性预示着吸引关系的稳定性，表明吸引力不会因人的主观意志而随意地发生变化。举例说明可以更形象地阐释吸引力的稳定性的内涵，比如一个景区既可以因其自身的独一无二的自然风光或人文美景产生吸引力，也可以因其外部通达便捷的交通产生并具备相对的吸引力，由于秀美的风光、通达的交通呈现一定的稳定性，因此，将其纳入吸引力指标范畴是合适的。

把握吸引力的稳定性具有重要意义：一是吸引力的稳定性预示着相对稳定的吸引关系，这对于社会认识活动和实践活动的顺利、稳定开展十分重要；二是吸引力的稳定性是认识吸引力、评价吸引力的前提和基础，使得短期或一定阶段内，存在把握、分析事物的吸引力的可能性；三是吸引力的这种稳定性，要求评价者在分析吸引力因素、提取吸引力下层评价指标时，要从对象的长期性、稳定性因素来分析。此外，将吸引力的客观性与其稳定性进行综合，能够提供判断下层指标归属的思路，具体地讲就是，对于一些处于吸引力和管理力之间模糊地带的且仅从概念上无法判定隶属的指标，从吸引力的稳定性角度进行思考是关键。

（三）吸引力的内容性

吸引力的内容性主要指吸引力是对象一种内容性的特征而非数量性特征。相对于下文分析的管理力和影响力来说，不同于管理力体现在事物具体的发展、经营活动中（可以由产品数量衡量或反映），也不同于影响力体现在传播过程和对外部事物的改变上（可以由影响范围或数量来衡量），吸引力更为抽象，它由对象的内在特质或属性决定，是内容性的，即它内化于对象之中，使对象呈现一种有魅力、有吸引力的"气质"，甚至吸引力自身也逐渐内化为对象的一种"气质"。吸引力多是描述性的，常常不能被直观地观察或量化，例如，一项科研成果的吸引力水平常常要看其创新性，创新性就是内容性的、描述性的。吸引力具有这种特征的原因在于其根源性的、绝对性的来源为对象的内在特质或属性，而事物的内在特质或属性是描述性的。

吸引力的内源性对吸引力评价有重要意义。一是不同于从主、客体两方面入手分析吸引力产生的原因和过程，吸引力的内容性使得在衡量和评价吸引力时，要以对象（吸引力主体）为核心，具体地讲，是要以对象的内在的特质和属性为核心，如我们在考量一项学术成果的吸引力时，要从其成果传达的观点、思想等考量其创新性、原创性等。二是吸引力的这种内源性、内容性使吸引力评价倾向为内容评价，吸引力评价指标的测度更适合采用由对象所在领域的专家参与的定性评价方法（如同行评议法），而非定量的评价方法，以上文提到的科研成果为例，作为其吸引力水平的关键，由于对其创新性的评定还不存在量化的手段和工具（至少在目前的技术条件下仍是如此），因此需要经由专家、学者在成果内容的基础上做出判断。此外，吸引力评价采用定性的方法能够将吸引力中客体因素（人的因素）纳入，因此从理论上讲，这样的吸引力评价更为真实、合理和可靠。

三 吸引力的影响因素

理论上讲，吸引力客体背后人的未满足的需要和吸引力主体的内在特质或属性、外在条件或环境之间的契合匹配程度是吸引力有无及大小的决定因素，吸引力产生的两种因素仅是吸引力大小的影响因素，并不能实质地决定吸引力是否产生，即事物吸引力的影响因素有两种：吸引力主体方面的因素和吸引力客体方面的因素。由于本书对于吸引力的分析的重要目的在于对象吸引力评价指标的构建，而评价活动中，评价对象即为吸引力系统中的吸引力主体，也即吸引力主体为评价情境中的分析对象，因此，本小节主要结合吸引力主体这一方面的影响因素进行分析。

在哲学社会科学领域，评价对象的具体形态多样，常见的对象有个人、成果、组织、社会活动等，不同对象的性质内容差异较大，这使不同对象的吸引力影响因素差异也较大。下文立足评价的视角，围绕社会科学领域几类常见的评价对象分别论述。

对个人的评价主要表现为社会对各类人才的评价，如人才招聘、职称评定、荣誉评选等。一般来说，个人吸引力的影响因素表现在个人的内在特质和外在特质两个方面。个人的内在特质主要指个人品性，即个人的品质和性格，它们是一个人吸引力的核心决定因素，具备优秀的品质、良好的性格的人更值得他人信赖，能够更好地满足他人社会交往和实践需求，从而对其他人产生巨大的吸引力，为自身赢得更多的发展机会，实现自我的个人价值。个人的外在特质通常可以观察到或存在一定的佐证，它与个人的生活环境、成长经历（如教育经历）、社会经验紧密相关，可经由后天长期的培育和修养形成，如外形、学历、所获荣誉等。相较于内在特质，外在特质由于更容易把握或因可以佐证，因而更易被关注，成为评价个人吸引力或能力的重要依据。

在哲学社会科学领域内尤其是学术评价中，成果评价是基础性的评价，由于常常作为对人、机构评价的基础，因此成果评价相当重要。常见的学术成果有学术论文、研究报告和学术专著、教材等，其吸引力的主要影响因素为成果所蕴含的思想和内涵，如成果的思想性、原创性、科学性、时代性等。其中，思想性是指成果表现出的思想意义，具有思想性的成果常具有一定的教育意义，能够给予受众有益的知识、进步的观念,[①] 能够全面准确地回答现实的问题；原创性主要指学术成果的核心观点、主要内容都出自作者的独立思考，强调的是学术成果内涵上的原生性和创新性；科学性指成果结构上的严谨性，包括利用科学的分析方法和模型，规范的写作和表达等，结构和方法的科学性往往是结果科学性、价值性的保证；时代性主要指成果的内容、主题和当前社会实际问题结合紧密，当前所呼吁的"将论文写在祖国的大地上"正是对学术成果时代性的号召。

---

① 程曼丽、乔云霞主编《新闻传播学大辞典》，新华出版社，2011，第40页。

　　不同于上述两类评价对象，组织类和社会活动类评价对象不是个体（如个人、成果等）性的，它们的存在依托于人的要素和物的要素的结合，其生存、经营和发展常常离不开一定的管理活动。构成要素的多元、管理活动的存在使组织类和社会活动类评价对象的吸引力影响因素更为复杂。相较于个体性的评价对象，组织类和社会活动类评价对象的外在条件和环境对于吸引力影响更为突出，因此，对于组织类和社会活动类评价对象的吸引力影响因素分析，既要结合其自身的内在特质或属性，也需要考察其外部条件或环境。

　　常见的社会活动类评价对象有学科建设、产业发展、行业发展等，这类对象吸引力的主要影响因素是其所处的客观外部条件或环境。外部条件或环境内涵广泛，可分为自然条件和社会环境（经济、政治、文化、法律等）两类，具体地讲，如自然资源条件，国家发展战略支持，人才、技术和资金基础，社会文化环境等均为对象吸引力的外部条件或环境方面的影响因素。一个拥有充足土地、丰富劳动力、巨大市场、良好营商环境等有利条件或环境的地区，实质上便具备发展劳动密集型产业的巨大吸引力，20 世纪七八十年代中国东南沿海地区的制造业快速发展崛起的原因正在于此，而随着中国经济的发展，人口和土地优势的减弱，劳动密集型产业进一步向东南亚国家转移也是同样的原因。

　　组织类评价对象具体形式多样，如高校、研究院所、出版社等，其吸引力的影响因素为内在特质和属性、外部条件和环境。内在特质和属性方面，如组织一经成立便具备的某种"先天性"资质（具有关键的社会职能）会使组织具有较强的权威性，从而展现出一定的吸引力；再如组织在日积月累的发展中形成的"后天性"优势（在长期发展过程中积淀的美誉）能够内化为组织的一部分，甚至成为组织的标签，内化为组织的吸引力。组织的后天优势产生的吸引力，会产生"马太效应"，因此成为组织吸引力重要的影响因素。外部条件或环境方面（如相关的政策支持、平台优势等），一个组织的成立往往基于一定的经济社会发展需要，如高校、智库的建立常常基于一定的政策或文件，具备一定的人才、设备和资金等保障条件，这些外部条件作为组织发展的基础，成为组织吸引力的重要影响因素。

第三节　吸引力的重要性分析

吸引力的重要性分析回答的是"为什么"的问题。分析思路上，本节先结合吸引力的主要功能来论述其重要性，分别从吸引力客体、吸引力主体和吸引力整体作用效果三方面进行分析。其次，从评价的角度分析吸引力对于价值的重要性。从内容上看，本节是关于吸引力的功能、作用或意义的阐述。

一　吸引力的重要性

从吸引力客体的角度而言，吸引力对于吸引力客体背后的人的行为活动发挥着重要的引导作用。在哲学社会科学领域，由于吸引力客体最终均可归结为未满足需要、寻求价值的人，因此，吸引力的最终作用对象其实为社会中的人。追求需要的满足从根本上来说是人的一种本能，但很多时候，人是不自知的，人常常对于自己本能行为背后的原因或动机并不清楚，没有一定的社会认识和实践基础，也很难对自身行为动机形成客观理性的认知，更遑论对自己的活动进行规划。但奇怪的是，人的"不自知"并没有导致人的活动是低效尝试的、偶然探索的，其中的关键"秘密"便在于吸引力的存在。如同是人类社会的一个精妙之处，吸引力像一双"看不见的手"，能够引导人靠近可能满足自身需要的对象，并以此为基，推动人们展开进一步的认识活动和实践活动，实现自我需要的满足。吸引力这种引导功能牵引着人的关注度和实际活动，使人能够不自觉地与可能满足需要的事物建立关系，让人的社会活动体现出较强的指向性、方向性和目标性，避免人陷入无差别的随机探索，减少社会中的无序和随机状态，使社会能够依靠稳定的联系、有序的状态运作和发展。如果不存在吸引力，社会活动的随机性和无序性将大大增强，社会生产力的发展速度可能大幅度降低。随着个人的成长、社会的发展，人的自知自觉能力也许能够不断提高，但是，即使对于更加自知自觉的人，吸引力也有重要作用，这是因为，吸引力能够指引自知自觉的人更为迅速地建立并维持他们与可能满足其需要的对象之间的联系，帮助他们了解现实情况、制订具体的计划等，从而更高效地实现自身的需要。

从吸引力主体角度而言，吸引力能够引聚对象（吸引力主体）存续、运营或发展所依托的资源，这对于对象发展有重要作用。由前文分析可知，受吸引力牵引的人会"靠近"吸引力主体，即建立或加强吸引力主、客体间的联系，这种联系的具体表现是多种多样的，如对于学术成果类的吸引力主体来讲，联系可能表现为增加对学术成果的关注、学习、研究或应用；对于个体类的吸引力主体，联系可能表现为社会其他对象与之建立合作关系；对于组织类的吸引力主体，联系可能表现为对该组织提供资金、技术或签订项目等；对于社会活动类的吸引力主体，联系可能表现为对该活动领域提供政策扶持等。不论具体联系的方式如何，吸引力的作用效果均为吸引力主体一方引聚了社会资源，[①] 为吸引力主体进一步的社会化改造、利用或价值发挥创造了条件和奠定了基础，进而对吸引力主体的发展发挥了重要的推动作用。例如，有吸引力的学术成果所获得的关注、学习、研究或应用能够为其带来修正、完善和创新发展的可能，其"生命力"得以保持；有较高吸引力的个人更易被社会接纳，进而获得更多实践和锻炼机会，其个人价值和社会价值能够得到更充分的发挥；有较高吸引力的组织所获得的资金、技术等社会资源，能够为其自身的经营、发展和壮大奠定坚实的基础；有较高吸引力的产业和行业所获得的政策支持等，能够为一个地区的产业发展创造良好的环境。整体上讲，吸引力体现着对象的基本发展条件，预示着对象的未来发展潜力，与对象相关的认识深化活动、具体实践活动都以一定的对象吸引力为基础。

---

① 这里的"资源"为经济学意义上的概念，可分为自然资源和社会资源两大类。前者如阳光、空气、水、土地、森林、草原、动物、矿藏等，后者包括人力资源、信息资源以及经过劳动创造的各种物质财富等。

基于吸引力对于其主、客体的作用进行综合分析，可以发现吸引力对于整个社会发展的重要作用。为寻求需要的满足以及需要的多层次多样性，人类展开了丰富的认识和实践活动，如感受、观察、认知、描述、解释、评价和社会实践等，活动过程中人与人、人与物、物与物之间的各种各样、错综复杂的联系得以建立。其一，吸引力是这一联系发生的"推动器"，它能够通过对客体背后人的指引作用，加快社会关系的建立。其二，由于吸引力的稳定性，它如同"稳固器"，使基于吸引力的社会关系相对牢靠。其三，吸引力作用发挥的过程和吸引力主、客体关系建立的过程，也是社会选择、社会资源分配和优化配置的过程。其四，吸引力的作用发挥，使人们一门心思依靠本能的"不自知"做出选择、行动，这在一定程度上节省了人们的精力，有利于人们将更多精力用于解决更为实际、亟待解决的现实问题，更高效地实现需要的满足。正是通过上述四个方面，吸引力推动着社会实践的丰富，推动整个社会物质财富和精神财富更为高效地增长和积累。

二　吸引力评价的必要性

对吸引力评价的必要性进行分析，是设定吸引力评价指标前要解决的问题，它直接回答的是"为什么要对对象的吸引力进行评价"这一问题，以上吸引力的重要性分析可视为一种侧面回答，对该问题的直接、正面回答须联系价值论，即分析吸引力对于价值关系建立的重要意义。

吸引力背后的价值意义是对其进行评价的根本原因。从上文对于吸引力的影响因素的分析可以看出，某一对象对于需要的匹配、切合度越高，对人形成的吸引力也就越大，人的需要与事物的客观属性和条件之间的契合关系是吸引力的决定因素，因此，可以将吸引力视为人的需要与事物的客观属性和条件之间的契合关系的表征，当分析某一事物的吸引力时，便是在分析该事物对于需要的契合程度。结合价值论进行分析可以发现，人的需要与事物的客观属性和条件之间的契合关系对应价值孕育环节、阶段，吸引力作为人的需要与事物的客观属性和条件之间契合关系的表征，反映的是价值产生的基础、条件，是围绕某一事物进行价值创造的前提和条件，体现了对象的一种潜在价值。

对对象的吸引力展开评价体现了一种广义评价的评价思想。由第二章可知，评价所评定的价值是指具备一定属性的价值客体满足价值主体需要的关系，侧重现实需要满足的程度、效应，即价值实现水平。吸引力评价作为针对评价对象能够产生价值的基础、条件的评价，将评价的关注点延伸至价值实现之前的环节，体现了一种"大评价"观，这种"大评价"观实质是一种全方位评价或全过程评价，是基于评价的主要对象——价值（关系）产生的全过程而进行纵向分析的结果。结合评价实际，当前哲学社会科学评价的发展趋势呈现"多元""综合"的特征，"以评促建、以评促改"成为常见的评价目的，全方位、全过程评价十分必要，因此，反映价值产生的条件和基础的吸引力，体现着创造价值和享受价值的前提和基础，对吸引力进行评价成为全过程评价的应有之义。

此外，由于吸引力的内容性特征，吸引力评价最能体现对象的内容、内涵，最能反映评价主体对于对象的实质的期待，最能反映评价主体关于对象的"应然"层面的要求，如将创新性作为学术成果吸引力评价的重要指标，体现着评价主体一种"学术成果应该具有吸引力"的价值规定，因此吸引力评价对于发掘评价的价值导向功能具有重要意义。尤其对于个体类评价对象而言，吸引力评价更显重要，这是因为相较于组织类、社会活动类评价对象，个体类评价对象更具有微观性的一面，因不涉及人和物等多要素的综合，个体性、独立性较为突出，其存在和维系不依托于有组织的集体性或社会性的管理活动，因此，对于个体类评价对象，理论上讲没有典型的管理力评价，实践中也没有成熟的管理力评价经验，AMI 综合评价理论对于个体类评价对象的评价便主要依托吸引力、影响力两个方面，因此，个体类评价对象的评价内容相对更少，吸引力评价更显重要。

第四节　吸引力的评价指标提取

本节回答"怎么做"的问题，即回答"如何评价对象的吸引力"这一问题。内容上，本节主要分析了吸引力评价指标的提取思路，旨在为具体评价对象的吸引力评价提供一定的准则和指导。构建科学合理的评价指标体系是评价活动的重要内容，对最终评价的结果质量发挥着关键作用。实际上，上文对于吸引力概念、特质、重要性的分析均在为吸引力评价分析做准备，均以吸引力评价为最终的分析落脚点。

鉴于实践中评价对象的多样性和评价情景的多变性，评价不同对象时所应用的最终的吸引力指标必然存在较大差异，盲目追求评价指标的一致、统一是不现实的，不考虑对象实际，削足适履，使用同一指标对不同对象进行评价，评价结果的客观性和真实性将无法保证，甚至产生无效评价。因此，此处的分析偏理论性、系统性和概括性，而非具体性、细节性，仅为评价实践提供一般的方向性、原则性指导。

一　评价指标设定的要求

评价指标的设定存在一定的原则和要求，此处论述的要求对于管理力和影响力指标设定依然适用，后文不再赘述。

一是在指标内涵上，下层指标内涵要紧密体现一级指标（在 AMI 综合评价指标体系中，一级指标为吸引力、管理力和影响力），下级指标与一级指标具有明确的包含与被包含关系，如吸引力指标的下层级指标在内涵上应是描述评价对象的内在特质或属性和外部条件或环境的。二是在指标测度上，设定的评价指标要尽可能地直接测度。一级指标虽能体现指标体系的逻辑性，但往往也因为具有高度概括性而比较抽象，从而无法直接测度，故需要延展和具体化出二级指标，若设定的二级指标仍不能直接测度，则需要进一步设置三级指标，即通过指标的进一步具化，以间接的方式实现对一级指标的测量。这一过程容易发生概念的偏差或内涵的遗漏，稍有不慎会导致下层指标内涵与上层指标内涵的偏离，或下层指标内涵对于上层指标内涵的反映不全面。因此，在设定每个评价指标时，应在对上级指标内涵准确把握的基础上尽可能设定可以被直接测度的指标。

二　吸引力评价指标

理论上讲，衡量、评价吸引力可从三个角度——吸引力的来源、吸引力的作用过程和吸引力的作用结果进行分析。其中，通过来源进行评价是直接衡量（来源能够直接刻画出吸引力的大小），通过过程和结果进行的评价是一种间接衡量（过程和结果仅能间接反映吸引力的大小，本身不是刻画吸引力的大小）。由于吸引力对应价值产生的基础，其作用的发挥在个人决策或实践、社会生产经营活动之前，且吸引力作用的发挥相对"隐蔽"，很多时候是在不知不觉中发挥作用，这使得从吸引力的作用过程、作用结果来把握吸引力相对较难，而从吸引力的作用的"上游"——吸引力的来源或影响因素来评估、衡量更为合适、便捷。AMI 综合评价理论对吸引力的概念进行了明确规定，因此，根据吸引力概念设定吸引力评价指标具有合理性和可行性，AMI 综合评价理论中的吸引力概念是设定吸引力指标的首要遵循。

另外，根据吸引力的定义，似乎评价对象一切有优势性的因素（内在特质或属性、外部条件或环境）均可成为吸引力评价指标，管理力、影响力甚至也可以被设定为吸引力指标，毕竟有着较高的管理力和影响力的评价对象的吸引力也更大，但是，将管理力和影响力也纳入吸引力的评价指标显然有违 AMI 综合评价理论的评价逻辑。因此，除了遵循吸引力的概念，吸引力评价指标设定还要紧密结合吸引力特征。

具体而言，首先根据 AMI 综合评价理论中对于吸引力的定义，设置内在特质指标和外部条件指标两个吸引力二级指标。由于这两个二级指标均仍有较高的抽象性，故需拓展三级指标，在拓展的过程中便紧密结合吸引力的特征，这样可将管理力、影响力这类看似是吸引力的要素排除在外。

对于内在特质或属性而言，主要是通过两条线索进行三级指标构建。一条线索是评价对象"先天性"的固有属性。固有属性是评价对象产生之后便具备的固有的、"先天性"的特质。对于个人来说，一般可包含人品、性格、外貌等；对于学术成果来说，如思想性、原创性、创新性和时代性等；对于组织类评价对象来说，如资质、平台优势等；对于社会活动类评价对象来说，如发展基础、未来前景等。另一条线索是"后天性"积累沉淀的特质。对于个人评价对象来说，如道德修养、教育经历、个人经验、行为举止等；对于组织类评价对象来说，如存在年限、组织规模、组织荣誉等。这两类三级指标对应评价对象"先天性"和"后天性"两方面的特质属性，能够实现对评价对象内在特质的比较系统、完备的考察。当前，在哲学社会科学评价领域，越来越重视对学者个人品德和学术成果内涵的考察。这种考察即属于定性评价，本质就是对评价对象内在特质的定性和评价，这充分彰显了当前评价实践对评价对象价值本质的回归。对于组织类、社会活动类评价对象，外部条件或环境是其吸引力的重要来源，可按政治、经济、文化等领域设定具体指标。

第五章

管理力及其评价分析

作为对象的价值产生的基础这一评价标准的映射，吸引力指标仅仅反映了评价对象产生价值的潜力，仅仅体现了对象满足人某种需要的可能性，要真正实现需要的满足，将"可能"转化为"现实"，一个关键的环节是围绕吸引力所引聚的各类资源，通过组织、协调等一系列资源管理活动，使对象具备能够满足人需要的新功能、新属性或使其产生能够满足人需要的成果、产品，管理力便是概括这一环节、反映与评价对象相关的价值创造的关键能力的指标。作为对象价值创造的能力这一评价标准的映射，管理力指标反映了评价对象的价值创造的能力，实际表征的是对象的关键发展能力，体现的是对象所具备的满足人某种需要的价值内容，因此，管理力成为 AMI 综合评价理论中的一个关键指标。

第一节　管理力的概念分析

依托管理实践和理论的发展，相较于吸引和吸引力，人们更熟知管理和管理力，通俗地讲，管理力可理解为对象的管理主体开展经营管理活动而显现的作用力。本书对于管理力的论述从分析管理（活动）开始，即首先探索管理的概念，然后层层递进，进而给出 AMI 综合评价理论中管理力的概念。

一 管理和管理能力

在中文语境中，"管"常用作名词或动词，为名词时，表示乐器名或细长而中空之物，可堵可疏；作动词时，有主持、办理、看管、照管之义。"理"主要用作动词，原义为"治玉"（加工雕琢玉石），[①] 现为治理、整理，使有条理、有秩序，蕴含依照事物本身的道理或规律分析、归整事物之义。可以看出，用作动词时，如同"吸""引"，"管"与"理"的字义存在相近之处。但是，"管理"一词主要是近现代科学——管理学中的术语。近百年来，众多学者对管理的定义进行了探索，综合学者们的观点，可以认为，管理是为了有效地实现组织目标，由管理者利用相关知识、技术和方法对组织活动进行决策、组织、领导、控制并不断创新的过程。[②] 由此可知，现代科学中的管理与组织[③]密切相关，其中的原因在于，工业革命后，随着现代工业技术的广泛应用和工商企业的发展，管理科学才得以被系统地研究、建立并逐渐发展起来。

其实，广义上的管理及其活动与人类历史一样悠久，作为人类一种最基本的活动类型，它在人类社会实践中产生、发展，从人类早期的群居生活和原始社会的分工协作，到国家的出现和阶级的产生，管理活动始终存在。工业革命后，随着生产力的发展和经济的繁荣，管理活动全面渗透到现代各类社会活动中，且越来越向专业化方向发展，各领域、各行业内的个体或对象愈来愈需要专业的管理活动，这推动着以管理（活动）为主要研究对象的研究开始作为一门科学而存在，进而形成比较系统、成熟的管理理论和学科。

根据管理的概念，管理力较为直观的含义是指通过决策、计划、组织、

---

① 《说文解字·玉部》，中国哲学书电子化计划，https://ctext.org/shuo-wen-jie-zi/yu-bu/zhs#n26313，最后访问日期：2022 年 4 月 6 日。
② 《管理学》编写组编《管理学》，高等教育出版社，2019，第 22 页。
③ 此处，组织是指一群人为了实现某个共同目标而结合起来协同行动的集合体，其典型是社会经济活动的"细胞"，即企业。

指挥、协调等手段实现的调节控制力。① 对其理解有两种方式：其一，管理力的概念基于管理者之上，它是从事管理工作的人的能力，如认识能力、决策能力、组织能力、协调能力和表达能力等，或是管理者对管理系统的物质、信息和能量的投入，② 此时的管理力属于管理者素质的范畴，是从事管理工作的人的一种技能或素质，它来源于实践、学习和管理工作的锻炼，能够体现出管理者围绕既定的方针、目标对管理对象的管理水平；③ 其二，管理力是宏观领域内的管理力量的统称，它由管理队伍的规模、素质和结构，管理手段的科学化、现代化程度，管理教育的广度与深度，管理科学研究与理论水平等多因素共同决定，一个部门、一个地区、一个国家的管理能力，主要取决于管理队伍的素质与结构、管理研究与教育的水平，以及管理手段的现代化程度。④

二 AMI 综合评价理论中的管理力

AMI 综合评价理论中的管理力概念以已有的管理理论为基础，同时也具备自身独特的内涵。此外，AMI 综合评价理论中的管理力是基于对象（以社会组织、机构为代表）使命、愿景、价值观等多因素的概念，是一种综合对象的人员、资金、设施、技术和信息等多种因素后的、整体性的效力。

根据上述分析，结合价值理论，立足评价情境，AMI 综合评价理论将管理力（Management Power）定义为：评价对象的管理者基于一定的人力、物力、财力、信息等资源条件，利用相关知识、技术和方法，通过决策、组织、领导、控制和创新等活动进行价值创造时所体现的效力，这种效力对于对象发展具有关键作用。上述概念给出了评价对象管理力作用发挥的条件、

① 俞鼎起：《实生产力结构简论》，《探索》1988 年第 6 期，第 19~21 页。
② 宋华岭、金智新、李金克等：《企业管理系统复杂性评价的三维尺度模型建模与实证研究》，《管理工程学报》2006 年第 1 期，第 103~108 页。
③ 岑济鸣：《日本企业的第三管理力——综合力》，《外国经济与管理》1986 年第 12 期，第 5~6 页。
④ 顾明远主编《教育大辞典》（增订合编本）（上），上海教育出版社，1998，第 1151 页。

依托的现实活动和效果，体现着 AMI 综合评价理论的管理力的独特内涵。结合实际，相较于个体类的评价对象，组织类、社会活动类评价对象在发展过程中更需要依托于专业的管理活动，因此，管理力更为典型和突出，故下文的一些例证将结合组织类评价对象进行阐述。

管理力发挥的条件主要指评价对象基于其吸引力所引聚的各类资源。同吸引力一样，管理力也有其主体和客体，管理者即为管理力主体，它是对评价对象实施管理活动的群体或个人，其具体形态可能是评价对象自身，也可能是评价对象内部的领导者或者管理队伍，或是与社会活动相关的规划者、政策决定者、政府管理部门。管理力客体指管理力主体能够组织、协调的一切对象，如人员、资金、设备、技术和信息等。在评价对象吸引力基础之上所引聚的各类资源大部分为管理力客体，如资金、技术、人员等，也有可能为管理者，即管理力主体，如某一组织吸引、引进的优秀的管理、领导人才。

AMI 综合评价理论中的管理力不仅是基于多种要素的概念，更是依托于决策、组织、领导、控制和创新等多项活动的一种整体性、综合性效力，它更接近上文所论述的管理能力的第二层含义，是更为宏观层面上的一种效力，它是主观和客观两类因素综合作用的结果，即它是由主观层面的管理者意志和客观层面的管理条件、技术综合决定的，是管理力主体和管理力客体相互作用后所产生的客观性的整体、综合效力。由于管理者发挥着资源整合的作用，AMI 综合评价理论将管理力主体（管理者）这一方视为管理力水平的关键性要素。

AMI 综合评价理论中的管理力内涵的特别之处主要在于对管理力效果的规定。在 AMI 综合评价理论中，管理力对应着价值创造环节，这里的"价值创造"指的是客观事物（社会价值资源）经由人的开发、利用、改造，形态、功能和属性发生变化，从而具备直接满足人的某种需要的新功能、新属性的社会实践过程。吸引力引聚的资源仅是价值关系建立的现实条件，仅代表价值存在的可能，管理力所对应的价值创造能够将吸引力引聚的资源转化、利用，推动价值潜力转化为价值实质内容，关键地决定着价值实质内容的有无、质量以及数量，因此，价值创造是价值关系发生过程中的关键一环，管理力对于最终的价值实现发挥着关键性的作用。由于价值关系的建立对于评价对象一方意味着自我的社会发展，因此，AMI 综合评价理论中管理力作为价值创造环节作用力的代表，其效果反映着对象价值实质内容创造的效能，体现着对象发展的质量和效率，对于价值关系建立、对象自身发展具有关键作用。

第二节 管理力的特质分析

不同于吸引力，由于管理力基于管理（活动），而管理活动是当前社会一种非常普遍且被人熟知和实际觉知感知的活动，并且随着管理科学的发展和成熟，人们对于管理的认知也更加科学、规范，这使得管理力不如吸引力那般抽象。鉴于此，不同于吸引力的特质分析，本节不再分析管理力的产生，而是依次论述管理力的特征、类型和影响因素。

一 管理力的特征

（一）管理力体现着主观能动性

管理力鲜明地体现着人的主观能动性，这是管理力的首要特征。管理力的主观能动性主要指依托于人的管理活动基础上的管理力鲜明地体现了人的主观能动性，人是影响评价对象管理力的核心因素。将吸引力和管理力进行对比，可以发现，源于评价对象的内在特质或属性、外部条件或环境的吸引力，具有更强的客观性，常常在人们不自知、不自觉、不自主的本能或感性情境下发生，但是对于具有显著的能动性的管理力而言，由于它基于管理活动，而管理活动由人（管理者）所主导，具有较强的目标导向性和组织协同性，所以，管理活动和管理力一般是在人较为自觉、自知和自主的理性情境中发生的。管理科学的创立和发展能够验证这一点：正是由于人们对于管理活动本身的自主、自觉，管理（活动）才成为一个明确隶属于社会科学领域内的研究对象，进而发展出相对系统科学的知识体系。此外，参照

Prahalad 和 Hamel 的整合观，组织的核心竞争力来源于其核心资源，取决于核心资源的有效整合程度。广义上的组织资源指组织所拥有的有形资产和无形能力的统一，依据资源的运动特征可将其划分为两种类型：处于被动地位的资源和处于主动地位的资源。处于被动地位的资源在组织经营运作中不能自发运动，需要由组织的其他要素或机制来调动、协调，譬如固定资产、信用、资金等，组织的大部分资源均属此类。处于主动地位的资源是具备联结作用、能够调动被动性资源的资源，这类资源显示出一定的能动性，管理要素是典型的处于主动地位的资源性要素。①

管理力的这种特征根本上缘于人在管理力的产生过程中处于主导和核心地位。现代管理大师彼得·F. 德鲁克（Peter F. Drucker）认为人是企业仅有的一项真正的资源。一方面，管理活动的主体一定是人的行为，结合前文对管理力主体和管理力客体的分析，可以发现，无论具体表现形态如何，管理力主体的本质均可追溯为具体的个人；另一方面，在管理的诸多对象中，对人的管理始终是各类组织经营发展的核心内容，是各类社会活动得以有效进行的关键所在，只有管好人，才可能实现对资金、技术和信息等其他生产、经营要素的更好管理，因此，管理力客体的关键和核心同样在于人。人不仅是组织中一个普通的构成要素，更是组织的根本和核心，以人为基础的管理力因此具备较强的能动性。管理力所体现的主观能动性是辨别管理力和吸引力的一个关键依据，同时，管理力的这一特征表明，对象管理力的水平主要取决于人这一要素：一方面，对象管理者最终表现为具体的人，其素质或能力，对组织活动的整合效能具有决定性作用，进而对管理力具有决定性作用；另一方面，管理力客体中一个关键要素——被管理的人，由于具备主观能动性，是最为复杂和难以控制的管理力客体要素，因而成为影响对象管理力实际水平的重要因素。要关注对象发展过程中人的要素，结合评价情境，就是在以对象发展为目标的评价中尽可能关注反映人主观能动性的方

---

① Prahalad, C. K., and Hamel, G., *The Core Competence of the Corporation* (The Macat Team, 1990), 275-292.

面。此外，由于人作为重要的管理力客体要素，被管理者的实际感受是评价对象管理力的实际状况的一个重要体现，而被管理者的感受是描述性的，因此，能够更确切地捕捉描述性信息的定性方法是管理力评价的一个重要方法。

（二）管理力呈现着灵活易变性

管理力的灵活易变性主要指管理力在短期内可发生改变。管理力的这种特征从根上来源于管理力的主观能动性。管理力的主观能动性表明，评价对象的管理力在很大程度上取决于人的因素，尤其是管理者、领导者。将吸引力、管理力和影响力进行对比，可以发现，管理力及其背后的管理活动存在离不开有意志和明确目的的人，相较于吸引力和影响力，管理力最能反映人的能动性和创造性，它反映了人的自主意志的发生、调整和变化，因此，在一定程度上，管理力的灵活易变性是其能动性特征的延伸，可以认为，正是因为管理力的能动性，使管理力具备较大的在短期内调整和变化的可能性。

综合管理力的主观能动性和灵活易变性两种特征，能更清楚和精准地辨别出某一要素或指标是属于对象吸引力范畴还是管理力范畴。把握管理力的这一点对于管理力评价具有重要意义。比如，对于刚刚产生、成立或出现的评价对象，其管理力可能具有较高的水平，因此，对特定对象的管理力进行评价，能够突破效用评价的局限，即突破一般评价（对象价值实现水平的评价）所必需的时间要求，发掘出对象的多层价值，这对于没有时间积淀的、新产生或新建立的对象的评价具有重要意义。此外，管理力的灵活易变性也要求以一种动态的眼光来看待对象的管理力，这为定期性、动态性考察评价对象提供了理论支撑。

（三）管理力表现出系统协调性

管理力的系统协调性是指管理力依托于系统性的管理活动，管理力的作用机制和作用过程有一定的内在系统性和协调性。管理力的这种特征一方面是由于管理活动本身具有系统性和协调性。管理的过程也即计划、组织、指挥、协调及控制等活动过程，具有较强的目的性、计划性和系统协调性，通过管理能够实现对象内部各要素、内外部环境的协调一致。另一方面，也在于管理对象的系统性。任何管理都是对系统的管理，没有系统，也就没有管理，对系统的管理导致了管理活动及其相关理论的系统性。理论上，系统原理为认识管理的本质和方法提供了一个新视角。[①] 此外，根据 Katz 的研究，组织内的管理群体常有高层、中层和基层三种层次，不同层次的管理者须具备三大技能，分别是概念技能、人际技能和技术技能，如高层管理者要求更高的概念技能，中层管理者要求扎实的概念技能和技术技能，基层管理者要求更强的技术技能，此外，各层次管理者均被要求具备较高的人际技能。[②] 而人际技能主要是指对人与人关系的协调，由此可见，协调能力对于各层次的管理者非常重要，基于这一点，管理活动和管理力内在地表现出协调性。

管理力的系统协调性表明，适合进行管理力评价的典型对象为组织类、活动类的评价对象，而非个体类评价对象。这是因为，相较于个体类评价对象，组织类、社会活动类评价对象常涉及多种资源的相互作用，社会性的管理活动于这类对象的生存和发展过程中必不可少，因此，组织类、社会活动类评价对象所体现出的管理力更为显著和典型。管理力的系统协调性也使分析管理力作用的范围相对明确和固定，即管理力的分析应主要围绕对象经营中所涉及的常见要素和活动，这是管理力和影响力的主要差异之一，对比来看，后文中的影响力更为开放、广博。管理力的协调性也为管理力评价提供了一定的参照和遵循：由于管理理论是在长期社会实践的基础上总结概括出来的，能够更为全面、系统地反映管理活动的特征和水平，因此，在进行管理力评价时需要尽可能结合现有的、比较成熟的、能够自成体系的管理理论。

二 管理力的类型

管理力的划分可依照管理的划分，每种管理类型便对应着相应的管理力

---

① 周三多主编《管理学——原理与方法》（第 7 版），复旦大学出版社，2018，第 82 页。
② Katz, R. L., "Skills of an Effective Administrator", *Harvard Business Review*, 33 (1), 1955: 33-42.

类型，此处，仅依照管理类型阐述管理力类型。管理的分类所依据的维度和层次标准多样，因此管理力存在很多种类。依照管理活动的层次，可分为宏观管理力和微观管理力。宏观管理力为社会性管理，根据管理活动所处的社会领域，又可分为政治（政策）管理力、经济管理力、社会管理力等。其中，政治（政策）管理力包括政府部门等组织领导队伍建设水平、规章制度完善程度、监督整治效力等；经济管理力涉及经济运行的宏观调控水平、产业发展规划和引导等；社会管理力包括基础设施建设水平、环境治理水平、法律建设水平、教育等公共事业建设水平等，对于社会活动类评价对象，主要关注的便是宏观管理力。对于个体类、组织类评价对象，主要关注的是微观管理力。按照管理客体，组织类评价对象的微观管理力又可分为成本管理力、人力资源管理力、财务管理力和研发管理力等，个体类评价对象的微观管理可分为时间管理力、情绪管理力、人际关系管理力和健康管理力等。依照管理的方式，管理力可分为决策管理力、执行管理力等。依照管理的范围，可将管理力分为组织内部管理力和组织外部管理力，本书重点分析此种分类方式下的管理力种类。

内部管理力指主要作用于评价对象的内部环节和要素而形成的管理力，反映的是评价对象对自身拥有和可能拥有的资源条件进行整合、创造的效力，人力资源管理力、财务管理力和项目管理力等均属于此类管理力。良好的内部管理力是实现内部资源优化配置、价值创造的关键，可使评价对象价值创造活动相对规范化和高效化，提高价值创造的数量和质量，保证价值增值。内部管理力评价对于组织类的评价对象而言更为典型。外部管理力指作用于对象外部条件和环境而形成的管理力，反映的是评价对象对外部资源协调和调度的能力，它依托于链接价值创造前的条件准备环节、价值创造后的价值实现环节与价值创造环节的管理活动，对资源输入、成果价值实现的效果和水平有重要影响，如同制造业企业的前期经营和发展条件的准备（上游）、后期产品或成果的推广（下游）和合作者的管理力、公共关系管理力等。外部管理力与影响力存在一定关联，良好的外部管理力能够为对象影响力的发挥奠定良好基础。外部管理力对于社会活动类（如经济行为、社会产业等）等评价对象而言更为典型。

三 管理力的影响因素

管理力主体和管理力客体构成管理力系统的基本架构，此外，管理力系统还存在另外三个重要构成要素：一是管理方法，即管理力主体对管理力客体发生作用的途径和方式，主要有行政方法、经济方法和思想教育方法等；二是管理理论，即指导管理活动的规范和原则；三是管理目标，即管理力主体预期要达到的情境或结果，这既是管理活动的出发点，也是其归宿。管理力作用发挥的过程，就是管理力主体以一定的管理目标为方向，以科学的管理理论为指导，凭借一定的管理方法，组织、协调各类管理力客体进行价值创造的过程。在管理力系统中，这五个要素相互作用、缺一不可、相辅相成，综合作用产生实际的管理力。理论上，每一个构成要素都会对管理力系统产生影响，从而影响最终的管理力水平。结合前文关于管理能力的论述，本文将管理力的主要影响因素细分为五个方面：管理队伍、管理教育、管理理论、管理技术和管理目标。

在管理力五个影响因素中，管理力主体所对应的影响因素——管理队伍是管理力的主导性影响因素，它具体通过评价对象管理队伍的整体素质和结构发挥对于管理力的作用。管理队伍内的每位管理人员均需具有一定的管理素质或能力，如领导风格、认识能力、决策能力、组织能力、协调能力、表达能力、应变能力和抗压能力等，这些能力能够保证管理者全面而准确地制定效率标准、敏锐地察觉当前工作与目标效率标准的差距，为及时、有效地纠正偏差奠定基础。管理人员素质水平的高低取决于管理理论的学习、实践经验的积累。当前社会，职业经理人的出现使管理的专业化程度逐渐增高，充分体现出管理人员素质的重要性。[1] 结构是管理队伍素质之外另一个影响对象管理力的子要素，它关系到管理队伍的内在组织方式。具备良好结构的管理队伍能够各司其职、分工协作，提升整个管理队伍的整体工作效率。

---

[1] 赵豪迈、白庆华：《一个基于技术力与制度力的组织管理力模型》，《企业家天地》2006 年第 4 期，第 22~23 页。

　　管理教育是影响管理力的重要因素。管理教育主要通过影响评价对象中的人来影响管理力，包含对管理人员的教育和对被管理人员的教育两方面。管理人员的管理能力能够通过系统化的管理培训得到显著提升，如管理理论的学习、管理人员间的经验交流等。对被管理人员的管理教育具有重要意义，尤其是随着组织规模的扩大、组织结构复杂程度的提高和信息技术在管理领域的广泛应用，对被管理人员进行必要的管理培训显得愈发重要。对被管理人员进行基本业务培训、制度规章教育、组织价值观培养等，能够使被管理者具备一定的业务技能、掌握行为规范和形成组织认同感，这是现代化经营管理的一种重要体现。经过管理教育形成的文化认同和组织向心力，能够促使被管理人员主动积极地配合组织的安排和协调，形成良好的组织活动氛围，提高管理效率，降低经营成本。当前，各类学习培训班等在各行各业日益普遍，组织学习的广度逐渐扩大，深度逐步加强，均体现着管理教育的重要性。

　　管理理论是对管理力的另一重要影响因素。管理理论是基于长期管理实践的概括化、理论化的经验总结，是管理思想的结晶，具体表现为各种管理原则、观点、方法、模式和模型等。管理理论是管理活动思想和精神的体现，作为非实体影响要素，它主要通过管理力主、客体的相互作用来间接发挥其对于管理力的影响，是进行管理活动的"思想武器"。相较于管理队伍，管理理论对管理力影响有一定的不确定性，即最前沿、权威的管理理论并非一定产生更高水平的管理力，只有当相关理论与管理对象的实际情况相适合时，才能提高对管理对象的管理力水平。此外，管理理论在形式上虽表现为主观的观念和认知，但不以个人的意志为转移，它具有一定的历史阶段性和客观性，受到其所处时代整体理论发展水平的制约。此外，理论大多是基于以往实践的总结、概括，具有自身特定的运用条件，是否能用于指导当下的管理实践需具体问题具体分析，因此，要辩证审慎地认识管理理论的实际作用。

　　管理技术也能够影响管理力。管理技术是为实现科学管理现代化而采用的各种科学技术，是评价对象在价值创造过程中所使用的具体性的管理技巧、工具和方法等。较为先进的现代管理技术主要有下列几种：一是系统工程技术，其中包括系统分析技术、系统评价技术、系统模型技术等内容；二是经济计量技术，其中包括建模技术（数学模型）、数理统计、电子计算机模拟、市场需求分析、经济周期分析、投入产出分析等技术；三是信息技术，其中有信息反馈、管理信息系统等技术；四是控制技术，其中有过程控制、自适应控制等技术，现代自动控制技术都是以计算机为主体而形成的高新技术；五是电子计算机技术，包括软件技术和硬件技术；六是数据库技术，数据库是一个通用化的综合性的信息集合，既可以收集信息、加工处理信息和存储信息，又可通过检索向用户提供信息。管理技术是管理活动的"实用武器"，影响着管理效能，若将管理理论视为"形而上"的范畴，则管理技术是"形而下"的范畴，它是抽象管理理论转化为现实管理力的手段，一般能对管理力的提升发挥积极作用。

管理目标是管理力更为宏观性、方向性的影响因素。管理目标即管理者欲通过管理活动实现的目的的统称，如长期战略性目标、短期执行性目标等。管理力的前四个因素常在微观执行层面实现对管理力的影响，管理目标与之不同，是更为宏观性的影响因素，甚至发挥着全局性的作用。如果将评价对象比作一艘于大海中航行的船，那么，管理目标如同灯塔，它为管理力提供作用方向，是各类要素作用的"指南针"。此外，管理目标还能作为精神激励来调动广大员工的积极性，提供一个评价成员、部门工作绩效的标尺，如"管理目标实现与否"在一定程度上是评价对象管理力的一个相对直接的标准。

第三节　管理力的重要性分析

管理力直接反映评价对象进行价值创造的能力和水平，对评价对象的存在和发展具有重要意义。管理力的重要性主要体现为管理（活动）的重要性，下文的分析从管理（活动）的重要性入手。

一　管理（活动）的重要性

美国著名的管理学教授斯蒂芬·罗宾斯等指出"我们可以绝对肯定地说，各种类型和规模的组织、任何组织层级、任何组织工作领域、任何地方的组织都需要管理"，[①] 这论述了管理的普遍性。其实，管理不仅于社会中非常普遍，而且有其存在的现实必要性，它对于个体对象和社会整体的高效运行和稳定发展都十分重要。

管理有其存在的必要性，是人类社会有序运转的客观需要。当前人类活动具有鲜明的目的性、依存性和知识性：一是人作为有思维的、具备主观能动性的生物，其活动存在明确的目的性；二是因受客观规律的制约，人的生存依赖于自然界，社会的发展依赖于彼此之间的分工与合作；三是为了更好地生存发展，人善于基于过去的实践进行反思、总结、归纳和推理，进而形成经验和知识，并用于指导当下和未来的生存发展实践。上述人类活动的特点使管理的出现成为必然，同时使管理能够充分反映出人类活动的特征，即管理具有鲜明的目的性，其本质为协调，已形成系统的管理知识体系。如果没有管理，人类生产和生活的有序性将大大降低，很多社会活动可能发生混乱，甚至被迫中断。

管理不仅必要，也非常重要，是关乎社会整体高效运行和稳定发展的重要因素。其一，西方经济学中的资源稀缺假设在现实社会中表现为对象生存资料、发展资料十分有限甚至是不足，有限性资源的优化配置和高效利用、对人性弱点（懒惰）的克服、对社会弊病（盲目从众）的预防等，均需要通过管理这一重要手段来实现；其二，现代社会的发展使分工的专业化程度、生产的精细化程度越来越高，这使个体内部的各要素间的合作和社会各主体间的合作程度越来越高，个体生存和发展、社会整体的运转越来越需要管理的支撑；其三，科学技术是先进生产力的标志，但它在实际的社会生产

[①] 〔美〕斯蒂芬·罗宾斯等：《管理学》（第13版），刘刚等译，中国人民大学出版社，2017，第16页。

经营中的作用无法自动地、直接地发挥，作用发挥的关键在于管理，同时，现代管理也通过科学技术（网络技术、人工智能等）释放巨大能量，改变人类的生产方式和生活方式，一定程度上，管理本身就是一种生产力。①

二　管理力评价的必要性

在 AMI 综合评价理论中，管理力是反映与评价对象相关的价值创造的关键能力的指标，管理力评价也即价值创造的管理能力评价。相较于管理（活动）的重要性分析，管理力评价的必要性分析需结合价值关系及其建立过程，此外，结合 AMI 综合评价理论体系，能对管理力评价的重要性形成更深入的认识。

从价值关系本身的特点来看，管理力是一种价值创造关系，内在地包含价值创造能力的内涵。其一，对于价值客体（评价对象）来讲，其价值内容是创造性的，即存在根据对象的潜在价值进行价值内容创造的过程，这种创造过程就是使对象具备能够直接满足人需要的新功能、新结构或新属性的过程，因此，价值关系的建立基于一定的价值创造活动。结合社会实际，这种价值内容的创造过程也即社会中的人针对某一具体对象所开展的物质性或精神性的生产、经营等实践过程，如作为装饰品的黄金和其持有者之间价值关系的建立，基于必需的黄金的开采、运输和加工等创造性的社会实践。其二，从价值主体来讲，价值关系的形成依赖于主体实践，价值关系不是一种自然的现成关系，它在主体社会实践的过程中得以产生：主体一方面在实践中不断产生新的需要；另一方面，在自身实践基础上确立或创造出前所未有的价值关系，进而使价值关系具有典型的主体性特征。② 因此，分析价值创造对于价值研究十分重要，聚焦价值创造环节的分析是价值评价工作的应有之义。

从价值关系的动态建立过程来看，价值创造环节是价值关系能够现实

---

① 周三多主编《管理学——原理与方法》（第 7 版），第 4~5 页。
② 《马克思主义基本原理》（2021 年版），第 91 页。

地建立起来的关键环节。价值关系建立过程可具体地分解为价值孕育、价值创造和价值实现三个环节。在价值孕育这一环节，评价对象因其固有的属性或特质显示出具备价值关系建立的可能性，但此时实质的价值内容并不存在；在价值实现这一环节，对象被使用、消耗，对象价值得以实现，价值关系被现实地、具体地建立起来。从价值孕育到价值实现、价值关系从"可能"变为"现实"的关键在于价值创造，价值创造是"价值孵化"的过程，是价值实质内容的产生过程，在实际中表现为对象能够直接满足主体需要的新功能、新结构或新属性的产生过程。鉴于价值的存在取决于两个决定性因素——主体需要和对象具有某种功能、结构或属性，而主体需要的是相对先在的要素，因此，价值关系建立的关键在于对象具备能够直接满足人需要的功能、结构或属性，价值创造成为价值关系能够建立的关键。

结合 AMI 综合评价理论体系，管理力反映的是评价对象在价值创造过程中的管理能力和管理水平。相较于吸引力，管理力指标对应价值创造这一关键环节，体现着价值创造的效率和水平，与最终价值实现环节更近一步，对价值实质内容的有无、价值关系的建立与否存在实质性、关键性影响。吸引力评价和下文所论述的影响力评价，是关于对象"存量"性价值——可能和现实的价值水平的考量，测度的是评价对象价值的潜在可能水平和实际已有水平。相对地，管理力评价是关于对象"变量"性价值——价值创造能力的评价，测度的是评价对象产生价值的效率。结合赛跑情境，可将评价对象的吸引力水平比作选手所处的起步点位置、将评价对象的影响力水平比作选手某一时点的具体位置，吸引力较强的对象也即起步点较为靠前的选手，影响力较大的对象也即某一时点所处位置更为靠前的选手，则评价对象的管理力水平便如同选手的赛跑速度，那么，在时间和空间允许的情况下，即使对于起步点相对靠后或在某一时刻所处位置相对靠后的选手，只要其速度更快，则该选手仍然具有更大的超越、胜出的可能性。结合实际，长远来看，具有较强管理力的对象有更良好的发展前景、具备更高的价值水平，因此管理力评价十分必要。

此外，对于组织类评价对象来说，管理力评价具有突出意义。首先，组织类评价对象承担着一定的社会角色，同时也有其鲜明的自我发展的内在要求和目标使命，其社会角色功能和自我发展要求相辅相成、相互促进。与个体类、社会活动类评价对象不同，组织类评价对象具有更强的经营性和发展性特征，有着更稳定、更持久的产品创造和输出能力，即更持续和稳定的价值创造能力。其次，正如前文所述，组织类评价对象的内部包含人员、物、资金、技术和信息等多元要素，且其活动目标明确，管理力在其存在和发展中能够被更典型地体现，关于管理的科学——现代管理学也以组织（尤其是经济组织）为主要研究对象。因此，对于组织类评价对象而言，要尤其关注其价值创造环节，重视对管理力的分析和评价。

第四节　管理力的评价指标提取

管理力评价指标分析能够对管理力评价提供更为直接的指导。由于管理的本质是协调，管理力具有十分显著的协调性、系统性特征，反映到管理力评价指标上，就是各个管理力指标之间的关系应协调紧密、逻辑清晰，整体管理力指标应呈现系统、完备、成体系的特征。可根据现代管理理论和组织要素理论构建管理力评价指标，本书以麦肯锡 7-S 模型为例进行阐述。

麦肯锡 7-S 模型（McKinsey 7-S Model）是分析企业组织要素构成的框架。20 世纪 70 年代美国经济的不景气一定程度上推动了学者们在微观经济层面的精细化研究。80 年代初，Pascale 与 Athos 在 *The Art of Japanese Management* 一书中将日美代表性企业进行全面细微的对比，发现两国的企业管理的差异不在制度、结构和战略方面，而在人员、作风和最高目标等文化方面，他们认为企业家们管理复杂的大企业的"手段"是很有限的，主要为最高目标（superordinate goals）、战略（strategy）、结构（structure）、系统（systems）、技巧（skills）、作风（style）和人员（staff），并将这 7 个要素组成一个完整的框架，7-S 模型基本成型。[①] 后来，Peters 和 Waterman 通过深入调查美国 43 家杰出公司，与麦肯锡顾问公司研究中心共同设计出研究组织变革的七要素，通过进一步修正相关概念，实现了对前述 7-S 模型的发展，确立了以战略（strategy）、结构（structure）、人员（staff）、风格（style）、系统（systems）、技能（skills）和共同的价值观（shared values）为主要内容的麦肯锡 7-S 模型（见图 5-1）。其中，战略、结构、系统/制度是企业的"硬件"，人员、风格、技能和共同的价值观是企业的"软件"，"软即是硬"，即那些难以驾驭、不理性、非正式的组织的"软件"要素十分重要并且是可以管理的，它们为对象"硬件"要素运作提供必要支撑。[②] 基于麦肯锡 7-S 模型，可依照"硬件"和"软件"两个层面来设定管理力评价指标，实现对管理力的形式评价和内容评价。

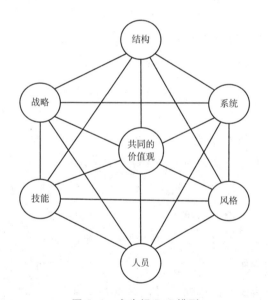

图 5-1　麦肯锡 7-S 模型

① Pascale, R. T., and Athos, A. G., *The Art of Japanese Management* (Warner Books, 1982), 326.

② Peters, T. J., and Waterman, R. H., *In Search of Excellence: Lessons from America's Best-Run Companies* (Harper Business, 2006), 9-11.

一 管理力"硬件"指标

管理力"硬件"指标主要是反映与管理活动密切相关、具有方向性和相对稳定性的指标。参照麦肯锡 7-S 模型中的"硬件"要素，可将管理力"硬件"指标设置三个下级指标。一是战略指标。战略集中体现了对象的经营和发展思想，指的是评价对象的管理者、对象的管理方综合对象的定位、内外部环境和可取得的资源等情况，为寻求对象生存和长期发展，对其目标、达到目标的途径和手段进行的总体谋划。它既是一系列具体战略决策的组合结果，又是制定具体规划或计划的基础。战略指标能够反映领导者和高层管理者的宏观谋划和战略眼光，在评价实践中，可结合实际，考察评价对象有无具体规划、行动策略和活动方案等内容，以此测度评价对象的战略情况。

二是结构指标。结构指对象的构成形式，是对象的要素构成、各部分的排列组合方式，如对于组织类或社会活动类对象而言，结构表现为目标、协同、人员、职位、相互关系、信息等要素的有效排列组合方式，它是众多部门组成的垂直权力系统和水平分工协作系统的一个有机整体。结构与战略存在密切关系，它服务于战略的实施，不同的战略需要不同的组织结构与之对应，结构必须与战略相协调，健全的结构是战略得以有效实施的重要保证。在评价实践中，可结合评价对象的组织层级结构、人事结构、业务结构、客户管理服务结构等加以提炼，设定结构指标的核心是使其反映出对象内部信息的通达度、垂直权力的清晰度和水平分工的协调性。

三是制度指标。制度是对象相关的行为准则，对于组织类对象更为常见，如组织类对象所具备的章程、守则、程序、办法或标准等。社会活动类对象所属行业的法律、法规或规定，个体类对象的价值观、原则或信念等，可划为广义上的"制度"。制度是对象最基本的行为和活动规范，能够明确人与人之间的分工和协调关系，并规定各方或各成员的权利和职责，是对象精神和战略思想的具体体现，对象的制度体系要与其战略思想相一致。在评价实践中，可从评价对象制度的完整性、有效度、落实度和与对象实际情况的匹配度等进行具体测度。

二 管理力"软件"指标

管理力"软件"指标主要对应 7-S 模型中的"软件"要素,反映管理中的"柔性"因素。与"硬件"指标相比,"软件"指标所对应的要素更具易变性、灵活性,短期内能被调整、发生变化的可能性更大。"软件"指标也可设定三个下级指标。一是人员指标。人是管理的中心,是进行价值创造的核心要素,是战略实施的关键,人员的数量、素质、技能和配备充分体现了管理的能力和水平。在评价实践中,可根据对象的人员受教育情况(专业技术人员技能水平)、人岗匹配度、员工培训情况、人员协调度、人事变动情况等进一步设定对象的人员指标。为体现人这一因素在管理力中的重要地位,在实际评价中可根据情况适当提高相关指标的权重。

二是风格指标。风格指标体现的是对象的管理氛围、管理风格,常见的管理风格有科学现代、宽严相济、奖惩分明和公平公开等。影响管理风格的因素有很多,主观因素如所采用的管理技术或手段的科学化、现代化或信息化水平,客观因素有管理科学的理论研究水平等。其中,管理技术尤为重要,在现代经济社会中,高新技术的发展能够丰富管理手段、拓展管理功能。在评价实践中,可从对象的信息化水平、制度规定的公开透明度、管理理念或理论的时代性等方面设定具体的评价指标。

三是共同的价值观指标。共同的价值观指战略指导下的人员的工作热情程度、意志统一程度情况。战略是组织发展的指导思想,只有所有人员领会并衷心认同这种思想并用其指导实际的行动时,它才能得到成功的实施,共同的价值观便是反映该内容的指标。拥有共同的价值观或共同的价值观更清晰明确的对象(以组织类对象为代表)能够对其人员产生较强的导向、约束、凝聚、激励作用,使各成员能够齐心协力地为实现集体的战略目标而努力,提高对象的执行力,使对象呈现较强的凝聚力和综合协作力。在评价实践中,由于价值观是一种观念或理念,表现为人员的观点或看法,故可通过专业的问卷调查来了解共同的价值观的塑造情况,了解各人员对于战略的了解程度、认可程度。① 为保证信息的真实、准确，共同的价值观以及上述其他管理力评价指标的信息可通过问卷调查的方式获取。

结合评价实践可以发现，不同评价对象的性质不同，即使对于组织类评价对象，不同评价对象也会因所在领域、行业间的差异而有所不同，但总的来看，在管理力这一维度上，尤其是对于组织类评价对象，其管理基本要素、结构和作用大同小异，因此可依照上述思路，并结合评价对象的具体特征灵活设定管理力评价指标，以保证评价指标与评价对象的适配性。此外，根据实际，也可参考其他管理理论设定指标，如对某一产业、企业发展状况进行评价时，可根据波特五力模型设定管理力指标。总之，管理力评价指标设定的关键，在于基于一定的管理理论，保证各指标之间内在的系统性和协调性，在尊重对象特征的基础上反映实际的管理状况。

---

① 方少华编著《管理咨询工具箱》，机械工业出版社，2008，第 27~30 页。

第六章

影响力及其评价分析

管理力所对应的价值创造环节之后是价值实现环节。相较于价值孕育、价值创造环节，在价值实现环节中，人们对于对象的感受更为直接、直观。因此，价值实现的情况和状态能够更直接地影响人们对某一对象的看法，即价值实现能够更直接密切地影响评价及其结果。AMI 综合评价理论用影响力指标概括价值实现环节，反映与评价对象相关的价值实现的实际水平。理论上，作为对象价值实现的水平（评价标准）的映射，影响力指标反映的是评价对象价值发挥的程度或效果，实际表征的是对象的现实发展水平，即对象在已有的基础和条件上，通过经营和发展过程而实现的发展水平，是评价对象价值实现结果的直接体现；在实践中，影响力评价是当前评价一些对象的关键指标，一些评价活动实质围绕对象影响力进行，因此，影响力成为 AMI 综合评价理论中的一个重要指标。

第一节　影响力的概念分析

一　影响和影响力的概念

"影响"可作名词、动词，意思是对别人的思想或行动起（的）作用，[①]

[①]　《现代汉语词典》（第 7 版），第 1573 页。

或对人或事物起（的）作用,① 相应地,影响力可理解为能够对人或物施加作用的能力。在哲学社会科学不同的学科领域,影响力的具体内涵是不同的。参考新闻学和传播学,目前关于影响力的概念已形成三种观点,分别是能力说、效果说和综合说。能力说中的影响力是对象的知名度渗透到各个方面、领域的能力,具备较强影响力的对象能够更容易或轻易地强化、弱化或改变其他对象（人、机构、社会活动或现象等）的心理、思想、行为、状态、趋势、性质等;② 效果说中的影响力属于效果范畴,考量对象的影响力就是考量对象对于其外部事物的作用或改变的广度和深度;③ 综合说中的影响力指的是对象凭借其成果、作品等而引起社会关注、反响的一种能力,也可以是对象借助一定传播或宣传手段对外部对象发生作用的力度。④ 参考政治学和社会心理学,影响主要发生于人（群体）与人（群体）之间,它与控制、强迫、强制和干涉不同,是一方主体通过一定的言行,潜移默化地对其他人（群体）的观念、决策和行为产生的作用,是以别人乐于接受的方式改变他人的思想和行动或使他人顺从自己意志的一种能力。⑤ 政治学著作中有对影响力的针对性且系统性的研究,但其概念相对抽象,其本质是一种因果关系,和"权力"同义;⑥ 心理学著作中的"影响力"显著地蕴含着"改变"这一朴素但相对具体的内涵,美国著名心理学教授罗伯特·B. 西奥迪尼（Robert B. Cialdini）认为它主要来源于社会认同、互惠、承诺与一致性、喜好、权威和稀缺等因素。⑦

---

① 李行健主编《现代汉语规范词典》,外语教学与研究出版社,2014,第1583页。

② 陈力丹:《提高新闻舆论传播力、引导力、影响力、公信力——学习十九大报告关于新闻舆论工作的论述》,《新闻爱好者》2018年第3期,第10~12页。

③ 万光政、杨猛、祝源:《建设"四大工程",实现"四力"的有效提升》,《新闻战线》2018年第1期,第52~54页。

④ 沈正赋:《新媒体时代新闻舆论传播力、引导力、影响和公信力的重构》,《现代传播（中国传媒大学学报）》2016年第5期,第1~7页。

⑤ Scruton, R., *The Palgrave Macmillan Dictionary of Political Thought*, *Third Edition* (Palgrave Macmillan, 2007), 331.

⑥ Nagel, J. H., *The Descriptive Analysis of Power* (Yale University Press, 1975), 8.

⑦ 〔美〕罗伯特·B. 西奥迪尼:《影响力》,陈叙译,中国人民大学出版社,2006,第345页。

二　AMI 综合评价理论中的影响力

基于上述概念分析，立足评价情境，AMI 综合评价理论中的影响力（Impact Power）指的是评价对象基于其活动成果（成效、产品等）或其活动变化后形成的新特质（新属性、新功能等），在一定的时空条件下所形成的对于其他事物的作用力，这种作用力是对象发展水平的重要体现。以影响力为中心，施加影响力的一方为影响力主体，受影响力作用的一方为影响力客体，影响力主、客体的具体形态多样，涵盖人、物、组织或社会活动等，而不仅仅局限于人（群体）。在评价情境中，影响力主体即为评价对象，影响力客体是能够受到影响力主体辐射或作用的对象。对比原有概念，AMI 综合评价理论中的影响力内涵更为具体、丰富，它规定了影响力的内容基础、条件和效果。

评价对象的活动成果（成效、产品等）或活动变化后形成的新特质（新属性、新功能等）是影响力的内容基础，具体表现形态多样，如对于组织性、经营性的评价对象（机构、社会活动等）而言，影响力的内容基础是其自我发展的成果、成效；对于个体性的评价对象（论文、图书等）而言，其影响力的内容基础是其在社会发展过程中经由改造和创造而具备的新属性、新功能。在 AMI 综合评价理论中，影响力主要对应价值实现环节，该环节本质是价值关系的确立过程，它以前述价值孕育环节、价值创造环节为前提，是前两环节的目的和结果。无论影响力内容基础的具体形态如何，它均是吸引力和管理力的结果，因此，影响力是评价对象的整体实力的直接体现。

时空条件是影响力能够发挥作用的必要因素。之所以在概念中突出影响力的条件性，是因为相较于吸引力和管理力，影响力作用发挥、作用显现所需的时间和空间条件更为明显。一方面，影响力作用的发挥不是一次性完成的，主体对客体作用的影响以两方持续不断的接触，以至后者对于前者形成一定程度的认知为基础，[①] 而这一过程需要一定的时空条件；另一方面，影

---

① 喻国明：《影响力经济——对传媒产业本质的一种诠释》，《现代传播》2003 年第 1 期，第 1~3 页。

响力作用的显现并非与作用的发挥完全同步，后者在时间上常常相对滞后，是特定情境下的态度、言语或行为的表达，时空性更为突出。例如，经典作品对读者的具体影响过程为"阅读作品内容—领会作品思想和精髓—表示认同或受到启蒙—态度、言语或行为上发生改变"，结合实际，这四个环节很明显地时常位于不同的时空背景。但是，时空条件并不是对影响力的限制，相反，相较于吸引力和管理力，影响力的主、客体所受的时空约束更小（或者说影响力的时空穿透性更强）——受某一对象影响的事物所处的时空或社会领域可以与影响力主体差别很大，即某一时空或领域内的主体常常对外部、后来出现的或其他各领域的大部分客体均能产生影响，影响力呈现"发散状""辐射状"，在时间上的"穿透性"更强，甚至出现"历久弥新"的现象。影响力的时空条件最终使影响力具有广度（作用空间或社会领域范围的大小）、深度（作用时间的长短）和强度（特定时空下的作用力度的大小）三种维度的特质。

AMI 综合评价理论中的影响力是一种"作用力"，该"作用力"的效果明确且具体。尽管有学者将影响力视为一对象对另一对象的"作用"，但是关于作用的具体内涵分析相对不足，未明确和界定"作用"的具体内涵。比较容易理解的是，"作用"的内涵之一是"改变"，但仅仅是"改变"吗？为此，AMI 综合评价理论将"作用"明确化、具体化，认为影响力概念中"作用"的具体情形有三种：一是主体和客体的接触、认知或使用；二是影响力主体对其他客体形成的心理上的震撼或冲击；三是影响力主体使客体状态、观念或行为发生变化。其中，接触、认知或使用本质是"作用"过程，AMI 综合评价理论将其称为"过程性影响力"，对应上文的作用发挥；心理上的震撼或冲击、观念或行为上的变化是"作用"实质，对应上文的作用显现，AMI 综合评价理论将其称为"实质性影响力"。由此来看，AMI 综合评价理论中的影响力是一种相对广义的概念。例如，一篇学术论文因其能够满足其他读者探索和求知需要而被阅读，则论文的被阅读将被作为"过程性影响力"纳入影响力考察范围。同样地，成果或作品的分享、讨论、转载、下载或引用数量、传播范围等也作为"过程性影响力"纳入影响力考察范围。AMI 综合评价理论对于影响力概念的这种理论规定主要是基于现有影响力评价实践。[①]

第二节　影响力的特质分析

一　影响力的主要特征

分析并把握影响力特征，是深刻理解影响力的要求，是清晰辨析吸引力、管理力和影响力的关键，同时也是提炼、设定切实可行的影响力评价指标的前提。此外，不同于管理力可以通过人员、制度等因素进行感知，如同吸引力一样，目前没有关于影响及影响力的学科，尽管影响及影响力常被使用或讨论，但相较于管理力，人们对于影响力的认知大都是比较朴素的，要实现对影响更精准的把握，深刻体会影响力的特征越发必要。影响力的突出特征主要有以下三个方面。

（一）影响力是结果性的

影响力是一种对象发展的结果，即某一对象的影响力基于其吸引力和管理力，是对象经营、发展后的一种结果。AMI 综合评价理论影响力概念中的"基于其活动成果（成效、产品等）或其活动变化后形成的新特质（新属性、新功能等）"是对此特征的反映和折射。影响力呈现这种特征的原因要结合影响力产生过程、从 AMI 综合评价理论所特有的价值关系建立（对象发展）视角分析。在 AMI 综合评价理论中，影响力处于第三个维度，位于吸引力和管理力之后，三者之间的次序并非偶然的排列，而是基于客观的、现实的价值关系建立（对象发展）过程。在 AMI 综合评价理论中，吸引力反映评价对象价值产生的基础，对应的是对象前期引聚资源环节；管理力反映评价对象价值创造的能力，对应对象的生产或经营环节；影响力反映

---

① McGann，J. G. "2020 Global Go to Think Tanks Index Report"，Think Tanks and Civil Societies Program，University of Pennsylvania，2021：27–40. 上海社会科学院智库研究中心：《2018 年中国智库报告——影响力排名与政策建议》，2019，第 17~18 页。

评价对象价值实现的水平，对应的是评价对象的价值被利用和价值实现的环节。因此，影响力是结果性的，是吸引力和管理力依次作用后的结果，是对象于实际社会中被改造、被利用从而发挥其效用的结果。

影响力的"结果性"特征为辨别影响力、吸引力和管理力提供了根本遵循，对于准确评价影响力也十分重要。相较于吸引力所体现的"基础性"和"前提性"、管理力所体现的"创造性"和"组织性"，影响力体现为结果性，在内容上表现为评价对象的活动的价值实现成效，是"结果性"的。因此，影响力及其下层评价指标与吸引力、管理力及其下层评价指标之间有着十分明确的界限。

（二）影响力是过程性的

影响力是一种过程性的作用力，即影响力是沉淀性的，其产生和显现需要一定的过渡时间。AMI 综合评价理论影响力概念中"在一定的时空条件下"是对于此特征的反映和折射。影响力作用的过程性由两方面因素造成。一是影响力（尤其是对于非权力性影响力）的效力发挥先从形式上开始，实质性影响力的发挥需要一定的"沉淀"时间，这种"沉淀"时间是实质性影响力产生的必要客观条件，是影响力主、客体相互接触的过程。例如，根据定义，某一本书被广泛销售、传播从而被广泛阅读即为一种影响力，基于这一过程形成的是形式上的影响力（同前文中的"过程性影响力"），它是实质性影响力产生的必要条件，只有经历这一过程后，实质性影响力才有发生的可能，如若没有阅读、学习和深刻领会某种思想或知识，就没有知识对于人头脑的武装和改变，遑论人受思想或知识的影响展开实践、改造世界。二是实质性影响力的产生需要一定的时间。形式上的影响力产生后，实质性影响力并不能立即产生和显现，其显现需要客观实际的时空条件，如应用性理论在校园内被广大学生了解、学习和掌握，其形式上的影响力便已产生，但是，只有当学生离开校园走向社会，立足特定的工作岗位，结合具体的实践情境，并成功运用所学理论解决现实问题时，实质性影响力才真正产生。而对于较为深刻的哲学理论，其实质性影响力涉及对人精神世界的构建和改变，因此需要更多的过渡时间。

影响力的过程性特征表明，影响力的作用发挥需要一定的时间基础，时间也是决定对象影响力水平高低的重要因素。在对多个对象进行对比、择优的评价情景中，应考虑时间因素，并尽可能排除时间对于影响力的干扰，尤其是对于初步建立或产生的评价对象，鉴于其影响力显现的时滞性，应考虑分组评价，以更好地消除时间因素对于影响力评价的干扰。此外，相较于过程性影响力，实质性影响力作用过程相对漫长，评价相对不易，因此，在评价影响力时，要尤其重视对于过程性影响力的评价，如对于传播过程和范围的测度，此时定量分析方法是影响力评价的合理且重要的方法，当前学术评价现实也是如此，运用数学、统计学的方法和引文分析法已是一种非常主流的（过程性）影响力评价方式。

（三）影响力具有深广性

影响力的深广性指影响力相对深刻、复杂，既具有广度、深度和强度三种特质维度，又包含过程性和实质性两种内涵。AMI 综合评价理论影响力概念中的"在一定的时空条件下"和"作用"共同反映和折射着此特征。影响力呈现深广性特征的原因在于影响力的时空条件和效果，结合前文对于影响力时空条件的分析可以发现以下两点。一是影响力的作用范围广泛。其一，作用的空间范围不受约束，跨越度较大，可突破地区、国别的限制，若不考虑作用强度的大小，影响力似乎可作用于其外部的一切事物；其二，影响力可跨越行业界限，渗透到社会的方方面面，常见的例子为学术领域内学术理论研究能够对经济、政治等领域产生重要影响。二是影响力的作用时间可能更为深远，且具有一定的大小力度。例如，一些文学作品之所以被称为经典，在于它们可以经受时间洗礼而保持影响力，并且能够持续这种影响力。对于同一时空条件下的不同的客体或不同时空条件下的同一客体而言，同一对象的影响力作用力度并不相同，有大有小。比较来看，吸引力和管理力作用范围比较有限和固定，其中，吸引力基于一种主、客观之间的契合程度，因而其作用对象常具有较强的针对性，作用时间有更明显的时期性、阶段性；管理力作用范围则更为明确，即为与对象密切相关的内外部要素，作用时间呈现周期性、阶段性。相较于吸引力和管理力，影响力因此较为复杂。此外，影响力的两种内涵将影响力作用发挥的过程引入影响力分析，科学技术的发展，尤其是网络、媒体等信息技术的进步会通过作用过程性影响进一步增强影响力的深广性特征。

认识影响力的深广性特征主要具有两方面意义。其一，影响力的深广性体现了影响力评价的复杂性。一是如何基于影响过程全面把握影响力的广度和范围并非易事。为了实现对于影响力的全面分析，研究对象影响力的类型十分必要。二是如何有效衡量影响力的深度和强度、准确考量实质性影响力是另一项挑战，在技术有限的条件下，在无法确保实质性影响力的精准考量下，做好过程性影响力的分析和考察愈显重要。其二，影响力的深广性主要是立足影响力客体而言的，这表明在进行影响力评价时，要将关注点放到客体上，即影响力的分析要"向外求"，要以其他受影响的对象（影响力客体）为主，如影响力指标的设定要聚焦于受影响的客体的数量、状态等，这与"向内求"的吸引力评价显著不同。此外，过程性和深广性两特征鲜明地表明，不同时期同一对象的影响力的广度和深度是不同的，阶段性、周期性地开展影响力评价十分必要。

二　影响力的种类

同管理力一样，立足角度不同，影响力的分类结果也不同，总的来说，影响力的分类方法多样。从影响力作用的社会领域看，常可分为学术影响力、经济影响力和社会影响力。[①] 从影响力作用的空间看，常有国内影响力和国际影响力之分。从影响力作用的性质看，可分为积极性影响力和消极性影响力。若影响力主体对外部对象的作用对于其自身、外部社会是正面的或有利的，则这种影响力就是积极性影响力；相反，若影响力主体对外部对象的作用对于其自身、外部社会是不利的或负面的，则这种影响力是消极性影响力。[②] 从

---

① "Defining Impact", UKRI, https：//www.ukri. org/councils/esrc/impact-toolkit-for-economic-and-social-sciences/defining-impact/，最后访问日期：2023 年 3 月 20 日。

② 〔美〕罗伯特·A. 达尔、布鲁斯·斯泰恩布里克纳：《现代政治分析》（第 6 版），吴勇译，中国人民大学出版社，2012，第 17~18 页。

影响力作用的方式看，可分为强制性影响力和非强制性影响力。其中，强制性影响力的作用来源常为法律、职位、习惯和武力等，是一种不可抗拒性、指令性和约束性的作用力；非强制性影响力主要来源于对象自身及其成果的内容特质，通过说服、启蒙等方式发挥作用，没有强制性和约束性。

　　AMI综合评价理论中的影响力是积极性影响力、非强制性影响力。原因分别在于：评价对象（影响力主体）的消极性影响反映的是其危害，不利于对象和社会发展，不属于影响力主体价值实现的范畴；强制性影响力的对象常为有一定权力和权威的个人、部门或组织，这种特质常常在其产生时即已存在，而非对象发展的结果，此外，AMI综合评价理论将对象的权威特质包含于"对象资质"（吸引力指标）范畴，故非权力性影响力不属于影响力范畴。

三　影响力的影响因素

　　尽管政治学中的影响力分析具有较强的针对性，但相对系统、全面，对于影响力的相关影响因素，一些学者的分析较具启发性。美国政治学家罗伯特·A.达尔（Robert A. Dahl）和布鲁斯·斯泰恩布里克纳（Bruce Stinebrickner）认为影响力在量上的差异主要由三方面的因素决定，分别为：资源，如金钱、信息、社会地位等；技能，即使用、调动资源的能力，它来自天赋、机会和刺激等；动机，即影响力主体对于是否发挥影响力、发挥影响力的途径等方面的意志，它来自天赋和经历。[1] 在政治学、社会学和心理学领域均颇有建树的哈罗德·D.拉斯韦尔（Harold D. Lasswell）与著名哲学家亚伯拉罕·卡普兰（Abraham Kaplan）分析了影响力的基础，认为健康、财富、技能、启蒙、权力、尊重、公正和爱慕等是影响力的最基本因素。[2] 这两位学者的分析提供了一种通过影响力的作用来源（或称"作用条件"）来分析影响力的影响因素（即不同对象的影响力存在差异）的思路，本书对于影响力的影响因素的分析也立足其基础、条件。

---

① 〔美〕罗伯特·A.达尔、布鲁斯·斯泰恩布里克纳：《现代政治分析》（第6版），第47~48页。
② 〔美〕哈罗德·D.拉斯韦尔、亚伯拉罕·卡普兰：《权力与社会——一项政治研究的框架》，王菲易译，上海人民出版社，2012，第65~66、89~90页。

根据 AMI 综合评价理论中影响力的概念，影响力的内容基础为评价对象的活动成果（成效、产品等）或活动变化后产生的新特质（新属性、新功能等），它关乎对象影响力的有无、性质，关乎影响力的"质"，是影响力的根本性和决定性的影响因素。在分析影响力的概念时，本书对影响力内容基础的具体表现形式已做分析，此处不再赘述，这里要重点分析的是内容基础对影响力的影响机制。从价值角度来看，影响力依托的内容基础也即价值实质，因此，一定程度上，有价值即为有影响力，即能够满足人需要的对象具有客观的影响力。作为社会关系的总和的人的行为总表现为合规律性与合目的性的统一，所以，从根本上来看，能助于人合规律性、合目的性地进行社会实践的事物本质上对于人都是有价值的、存在影响力的。合规律性主要有两种，分别是合自然规律（物理、化学、生物等自然科学规律）、合社会规律（法律、道德、风俗习惯等）；合目的性即对象能够满足人的现实需要。因此，理论上，那些合规律性的学术作品和科学技术，那些合目的性的文学艺术经典往往能够跨越时空、文化和语言的障碍，展现出强大的影响力和生命力。现实也确实如此，拥有更高道德品质或更符合社会主流价值（合社会规律）的对象、科学（合自然规律）的技术成果、令人喜闻乐见（合目的性）的文艺作品会因更符合社会发展的需要而具有更大的影响力。综上所述，内容基础本质是通过合目的性或合规律性这两种途径影响对象影响力的"质"。

这里的影响力的时空条件指影响力得以发挥的时间和空间性的条件或环境，是除对象内容基础外，所有能够推动或辅助对象影响力发挥的因素的统称。一般来说，时空条件越充分，影响力发挥得越充分，影响力的广度、深度和强度越大。相较于内容基础，时空条件是关乎影响力作用发挥快慢、程度的因素，关乎影响力的"量"，是影响力作用得以发挥的辅助性因素。由于影响力发生过程也是一个人际互动与强化的过程，影响力可借助媒介或者通过社会网络不断扩散，[①] 因此，中介性、媒介性要素成为影响力时空条件

---

① 刘江船：《社会影响力——传播学的新视角》，《河南社会科学》2010 年第 1 期，第 180～182 页。

的一个重要表现形态，如技术水平、宣传手段。技术水平的进步，尤其是信息技术的发展，如通信技术、人工智能等让"地球村"、时空"穿越"正以一种新形式呈现，人与人、人与物、物与物之间的关系正在被广泛地建立，影响力的时空穿透性将进一步增强。宣传是影响力又一重要影响因素，当前社会，"酒香也怕巷子深"，信息爆炸、激烈竞争使人们面临越来越多的物质产品和精神产品，多样的选择也使人越发被动。对象要想发挥自身影响力，首先要有被客体接触和了解的欲望和机会，积极主动的包装和宣传因此越发重要，宣传的手段、方式、广度和力度都会对评价对象影响力的发挥产生重要影响。此外，对于组织类评价对象而言，尤其是组织发展的早期，组织中某些个体的影响力常常也能转化为组织整体的影响力，成为组织影响力的重要影响因素。应注意的是，影响力客体方面的一些情况也会对评价对象影响力的效力发挥产生一定影响，如处于不同历史、文化和传统环境或背景中的影响力客体对于同一影响力主体常产生不同的觉知和感悟，进而所受的影响力常常也会不同，这对于影响力客体为个体性的人来说尤为典型，有着不同经历的人，世界观、人生观和价值观常常不同，即使在影响力主体和影响力中介条件完全一致的情况下，同一事物对不同人的影响力并不一致。

第三节　影响力的重要性分析

一般情况下，影响力较强的对象在其领域内外都有着较强的权威性、话语权和公信力。直观地看，影响力好似一个向外辐射评价对象价值的"扩展器"，既体现着评价对象的实力和水平、行业地位和社会角色，也进一步推动和加快了对象价值实现的进程。长远来看，影响力能够影响对象未来的吸引力水平，因此，影响力体现着对象当前的发展，同时还影响着对象未来的发展。此外，结合当前学术评价实际，影响力评价对当前哲学社会科学发展具有重要的时代意义。

一　影响力的重要性

影响力不仅是对象价值水平的直观体现，是考量对象价值的首要参考，而且能进一步推动对象的价值实现。相较于吸引力和管理力，影响力对应价值实现的环节，对于对象价值的反映最为直接和直观，正因如此，现有的很多评价实践本质上都是对对象影响力的评估。不过，影响力不是关于对象价值实现水平的"被动"性反映，它还发挥着对象价值实现的"能动"性促进作用。从作用方向看，吸引力通过引聚作用加强主、客体之间的关系，聚集价值资源；管理力以人为中心而使评价对象内部各要素间相互作用，促进价值创造；影响力则不同于吸引力和管理力，它是一种单向的辐射性、可传导的作用力，"可以被用来获得更多的影响力"，[①] 这能够进一步促进或提高对象的价值实现水平。因此，影响力对于加速和推动评价对象的价值实现存在"能动"性的促进作用。

影响力对于评价对象的未来发展有重要意义。"物竞天择，适者生存"不仅适用于自然界，也适用于人类社会，经由吸引力和管理力作用创造出有价值的成果并不是对象的根本目的，实现价值并于这一过程中谋求更多生存和发展的机遇和条件、实现未来更好地生存和发展才是对象的最终目的与追求。影响力是关乎对象未来发展的关键因素，这是因为，作为结果性的影响力可经过积淀，在不知不觉、日积月累中内化为评价对象新的特质，如知名度、公信力、权威性和话语权等，进而强化评价对象未来的吸引力，为其未来发展带来更多的资源和机遇，即当前的影响力能够通过积累、沉淀成为对象未来的吸引力，进而影响对象的未来。结合实际，一些具有较大影响力的对象（如期刊、高校和智库等）确因较强的吸引力而不断引聚着新的人才、资金和技术，呈现"强者愈强"的发展态势。

二　影响力评价的重要性

（一）哲学社会科学学术评价的重要抓手

不同于社会其他生产或经营领域，哲学社会科学学术领域内的对象自身或其成果（或产品等）属于意识性的智力成果，其价值体现在咨政建言、

---

① 〔美〕罗伯特·A. 达尔、布鲁斯·斯泰恩布里克纳：《现代政治分析》（第6版），第48页。

社会价值引导等方面，它不是直接作用于物质财富的创造，而是为物质财富的创造和积累提供智力支持和精神保障，这使一些学术成果的价值不易量化。此外，意识是对物质的能动反映，一些哲学社会科学成果能够超越社会生产呈现一定的先进性，当不具备其价值发挥的时空条件时，其价值无法于短期内立刻显现，成果实效无法立刻考量，因此，想要对哲学社会科学领域内成果的价值进行评价，需要一种切实可行的评价方法和评价指标。

目前，影响力已成为学术领域衡量评价对象政治价值、学术价值和社会价值的重要指标，是把握评价对象价值的核心手段。理论上看，影响力的概念表明，影响力代表评价对象对于人需要的满足和对其外部世界的改变情况。在哲学社会科学领域内，若政策建议被政府采纳而被实施、观点被大众接受而成为行为规范等，则可表明其于一定程度上满足了社会的需要，切实地成为物质财富的创造和积累的一种智力支持和精神保障，而被"支持"、被"接受"恰是影响力的重要表现形式，从而属于影响力的范畴。因此，影响力是哲学社会科学领域的评价对象的主要抓手。① 实践中，依托文献计量学引文分析的成果评价是目前学术成果评价的重要参考，引文分析的本质即为一种过程性影响力分析。尽管过度依据量化方法评价学术并不可取，但这种方法能够长期存在说明其自有一定合理之处，或许，真正的问题在于对该方法使用情境、使用范围和运用范围的不当，而非方法本身。针对当前学术评价存在的问题，彻底消除量化分析并不能解决问题，也不现实，未来学术评价的发展方向，或许在于加强学术治理、规范引用过程、优化评价结果的运用等，要将对象影响力评价视为学术评价的重要部分而非全部。

（二）建设中国特色哲学社会科学的应有之义

中共中央办公厅印发的《国家"十四五"时期哲学社会科学发展规划》（以下简称《规划》），围绕贯彻落实党中央提出的加快构建中国特色哲学社会科学的战略任务，对"十四五"时期哲学社会科学发展做出总体性规

---

① 沈正赋：《新媒体时代新闻舆论传播力、引导力、影响力和公信力的重构》，《现代传播（中国传媒大学学报）》2016年第5期，第1~7页。

划。《规划》再次明确指出要加快三大体系建设，这充分表明三大体系建设已成为现实命题和重大任务，是构建中国特色哲学社会科学的重要目标指向之一。三大体系中，学科体系建设是全局性的、整体性的工作，学术体系是三大体系建设的中间环节，话语体系建设是学术前沿活力的呈现。

话语体系建设于三大体系建设中尤为重要，原因在于，在学术理论体系指导下进行的研究及其成果，均需要借助与这一理论体系相联系的话语体系传播，从而完成学科建设的任务和目标，并在一定程度上满足社会当前乃至长远的需要。话语体系建设要求坚持将中国传统、中国实践、中国问题作为学术话语建构的出发点和落脚点，从而提炼出具有中国特色、世界影响的标识性学术概念，加快中国学术走出去步伐，深化人文交流，在博采众长中形成中国学术的大视野、大格局，这本质上是要求增强中国的影响力、中国学术的影响力，尤其是中国学术的国际影响力。

影响力评价具有重要的现实意义。一方面，通过影响力评价认知当前中国及其学术影响力的现实状况，查漏补缺，能够为更好地提升哲学社会科学的国际影响力奠定基础。另一方面，通过发挥评价的"指挥棒"作用，可以提高哲学社会科学领域内评价对象的影响力意识，调动影响力建设的积极性，切实提升中国哲学社会科学的话语权。话语体系建设要求更加强烈的自觉和自信，因此，影响力的提升、话语体系的建设过程也是道路自信、理论自信、制度自信和文化自信的重要体现。[①] 由此看来，影响力评价是当前建设中国特色哲学社会的应有之义。

第四节　影响力的评价指标提取

作为一种辐射式、有穿透性的作用力，影响力作用的对象和范围较吸引力和管理力更广泛，并且更能跨越时空的界限。根据前文的分析，无论评价

---

① 万光政、杨猛、祝源：《建设"四大工程"实现"四力"的有效提升》，《新闻战线》2018年第1期，第52~54页。

对象的影响力作用范围如何纷繁和复杂，均可通过适当的分类来定位和追踪。因此，本书以影响力类型作为评价指标设定的主要原则，即根据影响力的种类进行指标设定，以实现对评价对象复杂影响力全面、清晰的考察。参照目前学术界对于影响力的分类，可将学术影响力和经济社会影响力设为影响力的两个二级指标。

学术影响力主要指评价对象发展及其成果（学术论文、著作、研究报告、学术会议等）对学术思想、理论创新和实践应用等的影响。在哲学社会科学领域，三大体系之一即为学术体系，学术评价已成为哲学社会科学评价的关键重要的构成因素。学术领域内，学术影响力是评价对象影响力的最核心的内容，故将学术影响力设为影响力的首个二级指标。在学术影响力评价中，最常见的评价方法是引文分析方法，它本质上就是一种过程性影响力评价方法。当前，基于文献计量学的引文分析进行的学术影响力定量评价的技术已相对成熟，可在学术影响力评价中予以充分的借鉴和使用。

经济社会影响力主要指被评价对象在学术领域以外的影响力，如在政治、经济、社会、文化等领域产生的影响力。该指标是一个与学术影响力相对应的指标。目前，对于学术的经济社会影响力的评价方法尚未形成被广泛接受和认可的标准，各种标准和方法尚处于探索阶段。在评价方法方面，根据 Donovan 的研究，可将经济社会影响力评价方法划分为三个阶段：技术计量阶段、社会计量阶段和案例研究阶段。[①] 目前常用、可借鉴的经济社会影响力评价方法主要有专家评议法、计量学方法、调查法、案例研究法、内容分析法、社会网络分析法。相较于目前基于引文分析的学术影响力的评价，经济社会影响力评价更侧重于定性分析。

以上是关于影响力的二级指标设置的一般性分析。在具体评价实践中，可根据被评价对象的实际情况，灵活设置二级指标下的具体指标。其原则有以下两个方面。一是根据被评价对象影响力的实际情况设置影响力指标，以

---

① Donovan, C., "The Australian Research Quality Framework: A Live Experiment in Capturing the Social, Economic, Environmental, and Cultural Returns of Publicly Funded Research", *New Directions for Evaluation*, 118, 2008: 47–60.

体现分类评价原则。例如，一些被评价对象由于其角色、职责和功能较特殊，往往会在学术、经济社会等之外某一领域有着重要影响，比如智库这一机构的影响力主要体现于政治政策方面，因此，针对智库类机构的评价，可在原经济社会影响力指标中分离出政策影响力并将其提升为影响力指标中的二级指标，以有的放矢地突出被评价对象的主要特征和价值所在。二是根据当前社会发展的实际需要设置影响力下级指标，以体现评价的导向性。比如，加快构建中国特色哲学社会科学要求增强中国学术话语体系，这就要求提炼出具有中国特色、具有世界影响力的标识性学术概念，以支撑中国学术"走出去"。因此，在学术评价领域，可单独设置国际影响力二级指标，以充分发挥评价工作对于哲学社会科学的"指挥棒"作用。[①] 此外，要重视利用指标权重，以突出不同对象影响力的差异。鉴于影响力的过程性特征，在比较不同对象的影响力时，可分组进行或消除时间因素，以实现对不同对象影响力水平的客观比较。

第五节　AMI 综合评价指标体系

通过前文分析，AMI 综合评价对应的一般性评价指标框架体系详见表 6-1。在这个框架中，吸引力指标体系的构建主要基于吸引力的概念，以保证指标契合评价对象的抽象特质；管理力指标体系的构建主要基于现有的科学管理理论，以保证指标的内在系统协调性；影响力指标体系的构建主要是参照影响力的分类方法，以保证指标范围的全面性。需强调的是，此处构建的指标（体系）是基于理论分析的一般性、概括性构建，理论研究侧重思辨性的概念、逻辑分析，具有一定的抽象性，同时更具指导性和一般适用性。由于具体评价实践中评价指标体系的构建需要紧密结合评价对象的实际，因此，本书对于 AMI 综合评价指标体系的构建仅结合理论基础进行适

[①] 陈芳、杨建林：《科研成果社会影响力评价研究——评价方法视角下的解读》，《现代情报》2021 年第 11 期，第 111~119 页。

当延伸，即仅构建至二级指标，三级指标的构建是建议性的，旨在对评价实践中的指标构建这一重点、关键、核心性工作提供一般性的理论指导。

表 6-1 AMI 综合评价指标体系框架

一级指标	二级指标	三级指标
吸引力指标	内在特质或属性	固有特质
		后天优势
	外部条件或环境	经济环境、政治环境、社会环境等
管理力指标	"硬件"管理力	战略
		结构
		制度
	"软件"管理力	人员
		风格
		共同的价值观
影响力指标	学术影响力	传播范围
		引文数
		其他
	经济社会影响力	政治影响
		经济影响
		文化影响
		其他

注：管理力指标的设置以"麦肯锡 7-S 模型"管理理论为思路。结合评价对象实际，管理力指标的设定思路也可参照其他管理理论。

在具体实践中，可以根据评价实际，如对象特征、评价目的等，适当灵活调整以上评价指标体系，例如对于个体类评价对象，可突出吸引力和影响力评价；对于机构、组织类评价对象，要平衡好"三力"的评估；对于新生的被评价对象，可突出吸引力和管理力评价。此外，AMI 综合评价的灵活性也可通过指标权重的调整来实现。

第七章

AMI 综合评价理论的实践回顾和展望

理论的提出和完善离不开具体实践中孕育的思想火花及其引导的实践创新的支持，理论体系的形成和发展是为了更好地指导、规范实践行为，提升实践效能。AMI 综合评价理论孕育于中国哲学社会科学的繁荣及其评价实践的发展；催化成形于构建中国特色哲学社会科学体系及其评价体系的需要；"落地"于评价院的评价实践。评价院对 AMI 综合评价进行了不懈的努力探索和实践，将之由期刊评价逐步拓展至智库评价、学科评价、建言咨政评价、机构活动评价、高质量发展评价及产业（行业）评价等领域，初步产生了一定的影响力。

第一节 AMI 综合评价理论的实践历程回顾

评价中心成立后，启动的第一个项目是"中国人文社会科学期刊评价"，这开启了 AMI 综合评价模型和指标体系构建及实践应用的探索历程。2014 年初，面对来自西方评价机构、评价标准、评价结果等多面的负向冲击和影响，针对学术评价体系暴露出来的过分偏重量化指标、忽视学术责任，脱离科研实际、忽视学术共同体集体意志，人为因素干扰、功利倾向严重，缺乏价值导向性、学术使命引领弱化等一系列问题，期刊评价项目组坚持以马克思主义为指导，以服务中国特色社会主义为宗旨，以推动理论创新、学术繁荣为职责，以增强中国学术话语权为追求的学术评价思路。[①] 项目组基于正确的政治方向和学术导向要求，遵循综合评价的思路要求，积极探索同行评议主观评价与计量定量客观评价相结合的方式和路径，经过半年的努力探索构建出了由吸引力、管理力和影响力三个方面构成的综合评价模型及相应的指标体系。这个模型框架体系既体现了意识形态要求和学术伦理要求，又体现了对期刊学术创新、学术声誉、学术组织规范及学术不端行为的考察要求。

期刊评价项目组基于 AMI 综合评价模型和构建的评价指标体系，迅速启动了第一轮的期刊评价实践工作。在具体的评价实践活动过程中，由于研制的综合评价指标体系中的部分指标难以获取相应的数据，因而只是选取该指标体系中的大部分指标作为 2014 年试用版指标。项目组对最终评价结果采用了划等不排序的处理方法。经过近一年的辛苦探索和实践，项目组完成了对人文社会科学领域的 733 种期刊的评价工作，[②] 于 2014 年 11 月 22 日在人民大会堂隆重推出期刊评价成果——《中国人文社会科学期刊评价报告（2014）》。该报告荣获了"中国社会科学院 2014 年度创新工程十大成果奖"。中国人文社会科学期刊评价项目是 AMI 综合评价模型和基于模型构建的评价指标体系的首次实践应用，AMI 综合评价理论实现由思想到现实的转变。

2014 年 2 月，在推进期刊评价实践的同时，评价中心也开始探索 AMI 综合评价于智库评价领域的实践应用——成立全球核心智库评价项目部（以下简称项目部），并启动了全球智库评价工作。在智库评价工作启动后，项目组在两年内做了大量工作，广泛邀请领域内专家团体展开交流，广赴国内外权威智库机构进行调研。在充分认知国内外智库的建设、发展、运营的状况和把握智库评价的相关概念、方法和体系的基础上，项目组依照综合评价思想、结合智库特征及其运作的特点，基于吸引力、管理力和影响力构建

---

① 高翔：《构建具有鲜明中国特色的社会科学评价体系》，《中国社会科学报》2014 年 4 月 18 日，第 A08 版。

② 荆林波主编《中国人文社会科学期刊评价报告（2014）》，中国社会科学出版社，2015，第 29、45 页。

了全球智库综合评价模型和指标体系。为检验该评价指标体系的科学性与适用性，项目部特制定"全球智库综合评价指标体系（2015年试用版）"，并于1781家来源智库中选出359家智库进行详细的数据核算。经过一年多的努力，项目部于2015年11月10日发布评价成果——《全球智库评价报告（2015）》和"全球智库百强榜单"。这是中国研究机构推出的首份全球智库研究报告，该项目入选了2015年度全国智库界十大事件之一，《全球智库评价报告（2015）》与"全球智库评价 AMI 指标体系"双双荣获"中国社会科学院创新工程2015年度重大成果奖"。全球核心智库评价项目是 AMI 综合评价模型及评价指标体系在智库评价中的首次实践应用，取得了较好的成效和反响。

评价中心在《全球智库评价报告（2015）》研制发布的基础上继续努力，于2016年顺势启动"中国智库综合评价 AMI 指标体系研究"项目。中国智库评价项目组以"中国人文社会科学评价 AMI 指标体系研究"为大纲，以前期"国家高端智库综合评价指标体系研究"项目积累为基础，遵循智库工作流程，在综合考虑不同类型智库之间存在差异的前提下，研创出兼顾整体通用性与智库间差异性的"中国智库综合评价 AMI 指标体系"，并于722家样本智库中确定531家参评智库。2017年11月10日，中国智库评价项目组在第四届全国人文社会科学评价高峰论坛上发布评价成果——《中国智库综合评价 AMI 研究报告（2017）》。《中国智库综合评价 AMI 研究报告（2017）》荣获了"中国社会科学院2017年度创新工程重大成果奖"。2015年开展的中国智库评价项目是 AMI 综合评价理论在智库评价中的第二次实践应用，首次明确使用了"AMI 综合评价"这一表述。

2018年，为贯彻落实中共中央和国务院的关于评价的相关改革意见，建立中长期评价制度，评价院慎重地决定以四年为周期，持续推进期刊评价研究工作。根据国家相关政策文件精神，结合人文学科特点，在充分听取专家意见的基础上，评价院期刊与成果评价研究室优化了中国人文社会科学期刊 AMI 综合评价指标体系，并扩大期刊评价的对象范围，依次对 A 刊、新刊和英文刊进行评价，评价结果于2018年11月16日在第五届全国人文社会科学高峰论坛暨期刊评价峰会上发布。中长期评价机制也被运用于智库评价。2019 年，评价院机构与智库评价研究室展开第二轮全球智库评价活动，并发布了《全球智库评价研究报告（2019）》。2021 年评价院机构与智库评价研究室顺利开展了第二轮中国智库评价活动，发布《中国智库 AMI 综合评价研究报告（2021）》。2022 年，期刊与成果评价研究室启动第三轮期刊 AMI 综合评价项目，项目组锐意突破，拓展应用实践范围，在中国人文社会科学期刊评价的基础上，开拓了中国人文社会科学学术集刊评价和中国职业高等院校期刊评价。在推动 AMI 综合评价理论实践应用深化的同时，评价院还积极推动期刊评价和智库评价指标体系的国家标准的起草和申报工作，2021 年 5 月 21 日，国家标准化管理委员会正式发布《人文社会科学期刊评价》（GB/T 40108—2021）、《人文社会科学智库评价指标体系》（GB/T 40106—2021）。这两项标准已于 2021 年 12 月 1 日正式实施。

　　AMI 综合评价理论的上述实践历程也是其"纵深优化"的发展过程。在这一过程中，基于 AMI 综合评价理论的评价模型和指标体系不断完善和更新，评价所覆盖的对象范围不断扩大，定性评价和定量评价实现了更好的结合，AMI 综合评价理论的适用性得到了实践的检验。不过，"纵深优化"并非 AMI 综合评价理论实践、发展的全貌，在此基础上，AMI 综合评价理论也在不断突破原有的以期刊、智库为重心的学术评价领域，实现着自我的"横向延展"。AMI 综合评价理论的应用突破学术领域，既是对该思想框架自身灵活适用性的检验，为丰富思想内涵、完善和发展框架提供契机，也是该理论作为中国哲学社会科学领域内的理论发挥其自身社会性价值的内在要求，正如科研人员要将"论文写在祖国的大地上"，哲学社会科学理论本应尤其注重对标社会实践的现实需要。

　　2018 年以来，评价院开始承接国家部委和地方政府委托的社会性评价项目，这使 AMI 综合评价理论的应用范围开始突破学术评价领域并向政府及社会需求领域拓展。2018 年 5 月，国家互联网信息办公室委托评价院依托"五个一百"网络正能量精品评选活动开展网络正能量综合评价，以引导培育健康向上的网络空间，为此，评价院成立了网络正能量课题组。网络正能量课题组首先对正能量和网络正能量的概念和内涵进行理论分析，以形成对正能量和网络正能量价值内涵的精准把握。其次，根据 AMI 综合评价理论和应用框架，该课题组对国内网络正能量传播现状开展多轮调研和访谈工作。通过与网络正能量活动主办单位和承办单位座谈，掌握既有网络正能量宣传工作的基本内容和主要特征；通过和商业网站负责人多次交流，了解网络推送算法和作品审查机制。在此基础上，课题组最终构建出网络正能量综合评价指数——网络正能量作品综合评价 AMI 指标评价体系。此外，项目组运用大数据分析法形成了网络正能量之榜样、文字、图片、动漫音视频、专题活动的五篇实证研究分析报告。① 严格地讲，尽管该项目并未基于 AMI 综合评价指标体系进行具体的评价活动，但项目组基于 AMI 综合评价理论制定出的网络正能量评价指标体系相对系统全面且具有可操作性，能够对网络正能量评价活动发挥直接性的指导作用。此外，该项目为 AMI 综合评价理论在非学术评价方面的拓展运用奠定了基础、积累了经验。

2018 年 6 月，社科院商品交易市场研究项目组开始基于 AMI 综合评价理论开展中国商品交易市场评价。2019 年 6 月至 8 月，该项目组走访、调研全国 10 多个省份的主要商品交易市场，召开 10 多次专家座谈会，最终依据竞争力理论，提出了由市场吸引力、市场管理力、市场影响力三个层面构成的市场竞争力评价理论模型，并依据评价模型设计了百强市场测算指标体系，明确了商品交易市场竞争力排序的测算逻辑。依据模型、指标体系和综合测算逻辑，项目组对自愿申报的 132 家市场及专家推荐的 10 家市场进行综合测算评定，第一次推出 2019 年度的中国商品交易市场百强排序榜单。2021 年，项目组持续跟踪商品交易市场发展动态，推出了基于 AMI 综合评价的 2021 年度中国商品交易市场百强榜单和数字化领跑市场十强榜单。该项目是对 AMI 综合评价理论拓展应用的积极尝试——不仅基于 AMI 综合评价理论设计出市场竞争力评价模型和相应的指标体系及测算逻辑，更基于其

---

① 荆林波主编《"五个一百"网络正能量综合评价研究报告》，中国社会科学出版社，2020，第 12、30~31 页。

指标体系对商品市场进行了现实的测度和评定。该项目是 AMI 综合评价理论于经济活动评价的首次系统性的实践应用，取得了较好的成效和反响。

2021 年 9 月，受浙江省商务厅委托，评价院课题组立足消费新业态、新模式，着手探索一套可全面、精准反映浙江省消费高质量发展的评价指标体系，以更好地发挥消费评价对于消费工作的指导作用，助力构建国内国际双循环发展新格局。通过多次研讨，该课题组确定了 AMI 消费质量评价模型和基本思路，后经多次沟通，确立了浙江省 AMI 消费质量评价指标体系，撰写了《浙江省 AMI 消费质量评价报告》，完成了对浙江省 2018 年度至 2021 年度第三季度的 AMI 消费质量指数的测算和分析、省域 AMI 消费质量指数比较研究、浙江省内分市 AMI 消费质量指数比较研究，得出重要结论并提出发展建议。该课题组将 AMI 综合评价理论应用于经济社会活动类评价对象，进一步拓展了 AMI 综合评价的应用对象类型。值得一提的是，对浙江省 2018 年度至 2021 年度第三季度的 AMI 消费质量指数的测算基于时间序列数据，突破了之前基于截面数据的评价情境，使 AMI 综合评价的应用场景得到进一步拓展。该项目表明 AMI 综合评价理论既能应用于同一时间维度下多个评价对象之间的横向比较，也能应用于不同时间维度下单个评价对象发展程度的分析，可以实现对某一特定对象的比较全面的评价。

2022 年 2 月，受晋城市文化和旅游局委托，评价院成立中国城市康养产业发展评价课题组对中国城市康养产业发展进行评价，于 9 月 15 日在"2022 中国·山西（晋城）康养产业发展大会高峰论坛"上发布了《中国城市康养产业发展评价报告（2022）》。报告基于现实、理论、评价、产业、城市、国际、对策等多个视角，对中国城市康养产业发展进行评价研究，在充分梳理国内外产业评价经典理论、分析康养产业发展现状后，基于 AMI 综合评价理论从康养产业吸引力、康养产业管理力、康养产业影响力三大方面，以 137 个具有代表性的中国地级行政区为主要研究对象，对上述城市的康养产业吸引力、康养产业管理力、康养产业影响力以及康养产业整体水平进行评价分析，并进行五个"星级"的评分及划档。该报告体现了

AMI 综合评价理论在产业发展评价中的应用，为今后研究者构建产业 AMI 综合评价指标体系积累了参照经验。

与理论实践并行的还有理论的学理分析。自评价院成立以来，评价院学者不断加强对 AMI 综合评价理论的学理分析，这是该理论内涵和应用对象能够进一步丰富的重要原因。譬如，在 AMI 综合评价框架下构建生态文明智库评价指标体系、① 运用 AMI 指标体系对四大类别的社会智库进行评价和经验总结、② 对 AMI 综合评价体系下期刊评价的价值理性进行分析。③ 随着适用性的增强，AMI 综合评价理论及其框架体系获得了越来越多的认可和支持，系统性、理论性进一步提高，这为理论的框架模型和指标体系拓展应用于其他领域奠定了一定的理论基础。

第二节　AMI 综合评价理论实践应用的特征

AMI 综合评价理论从学术类的期刊评价、智库评价、学科评价到经济社会类的网络正能量评价、商品交易市场评价，再到消费质量评价、城市康养产业发展评价，在以上实践应用的基础上，其理论内涵逐步丰富、框架体系日趋完善，实践应用渐成体系，自身理论特征逐渐凸显。

一　价值导向突出，彰显中国特色

在一切评价活动中，评价主体的立场对评价活动的过程和结果都会产生重大甚至决定性的影响。AMI 综合评价理论是基于评价院的评价职责定位提出并践行的哲学社会科学评价的理论框架体系。分析 AMI 综合评价指标体系可看出，无论是期刊评价实践，还是智库评价实践，抑或是学科评

---

① 杨发庭、宋洋：《基于 AMI 理论的生态文明智库评价研究》，《自然辩证法通讯》2021 年第 5 期，第 111~118 页。

② 吴田：《国内社会智库发展综合评价研究：基于 AMI 指标体系》，《中国社会科学评价》2018 年第 2 期，第 73~85、127 页。

③ 王雅静：《中国人文社会科学期刊综合评价体系的建构与实践》，《江苏大学学报》（社会科学版）2021 年第 1 期，第 100~117 页。

价实践,各指标体系中都旗帜鲜明地列出了意识形态"一票否决"的前置指标。譬如,在期刊评价指标中,除了一般的计分指标,还设置意识形态指标、观察指标、扣分指标,对期刊论文交叉署名、变相买卖版面等期刊领域问题予以关注,以引导期刊坚持正确的意识形态导向和强化学术规范建设,这体现了 AMI 综合评价在期刊评价实践中具有较强的价值导向这一鲜明的理论特征。AMI 综合评价理论在各类评价实践中,都明确坚持正确的意识形态导向,鲜明地体现了马克思主义、中国特色社会主义理论的指导地位,彰显了较强的意识形态性。在当前各种思潮交织激荡的形势下和错综复杂的学术思想斗争中,"一票否决"制体现了评价院作为评价主体的评价立场。AMI 综合评价指标体系呈现的坚定的政治立场和鲜明的意识形态既是社科院对评价院的要求,是评价院自身定位职能的要求,也是中国哲学社会科学属性的要求,更是构建中国特色哲学社会科学价值导向的要求。

"哲学社会科学研究具有鲜明的政治和意识形态属性,开展哲学社会科学评价,必须将坚持正确的政治方向和评价导向放在首要位置。"[①] 评价院是社科院的直属研究机构,更是党领导下的哲学社会科学评价机构,其职能定位和任务要求都决定了由其研创和应用的 AMI 综合评价理论的价值导向,即"为人民做学问"、促进中国哲学社会科学繁荣发展、服务中国特色社会主义建设。评价院基于 AMI 综合评价理论在实践中坚持发挥"定性评价的导向作用",把政治评价寓于学术评价之中,体现了作为评价主体的坚定政治立场。

评价目的是评价主体通过评价想要实现的目标,评价目的与评价原因有一定的相关性,[②] 评价目的在一定程度上能辅助性地回答"为什么评价"的

---

① 王伟光:《加快构建中国特色哲学社会科学评价体系》,《中国社会科学报》2017 年 7 月 25 日第 1255 期。

② 评价原因是进行评价的原因和理由,评价目的是评价的目标和指向。在一定程度上,评价目的内在地、或多或少地体现着评价原因,如科研绩效评价的常见目的是找到分配科研资源的根据并进行合理的资源分配,而进行科研资源评价的现实原因常常正是实际中缺乏科研资源分配的根据,因此,评价目的可视为一种特殊的评价理由。

问题。在评价实践活动中，评价目的贯穿于评价实践活动的全过程，它制约评价标准的制定和确立，是影响评价结果内容及其表现形式的一个重要因素。分析 AMI 综合评价理论在各类评价实践中的指标体系，可以发现它旨在克服已有的片面注重以计量科学为支撑的量化评价倾向，意在将意识形态性、价值性和科学性统一起来，努力实现科学定量评价与意识形态和关注对象价值内容的定性评价的动态综合平衡，努力构建符合中国特色哲学社会科学发展规律、有利于促进中国哲学社会科学繁荣发展的评价标准体系。评价院基于 AMI 综合评价理论进行近 10 年学术评价实践的目的就是促进中国特色哲学社会科学体系的建设，促进中国特色哲学社会科学繁荣发展，引领中国哲学社会科学的发展方向，整体上体现了"以评促建、以评促改"的评价理念。与此同时，在 AMI 综合评价理论中还呈现计量科学、制度规范、质量标准的学术规范的导向特征。总之，基于 AMI 综合评价理论的评价活动实践具有评价目的明确，以正确的意识形态、科学管理和学术规范为导向的鲜明特征。

理论上，哲学社会科学事业是党和人民的一项重要事业。党的十八大提出了建设哲学社会科学创新体系的战略任务。要构建中国特色哲学社会科学体系，打造哲学社会科学的中国话语体系，推动中国哲学社会科学创新发展，形成具有中国特色、中国风格、中国气派的哲学社会科学创新体系，推出能体现中国立场、中国精神、中国水平的研究成果。要实现这一目标，掌握学术标准的制定权是根本，掌握学术成果的评价权是关键。学术评价事业事关中国学术发展的方向和前途，面对新形势、新任务、新要求，评价院在坚持正确政治方向的基础上，将构建具有鲜明中国特色哲学社会科学评价体系作为义不容辞的责任和使命；将占领哲学社会科学学术研究制高点，掌握哲学社会科学学术评价话语权，引领中国哲学社会科学发展方向作为重要任务。评价院研创的 AMI 综合评价理论在实践中体现出来的评价目的明确，科学管理和学术规范导向清晰，这是评价院履行自身职责的具体表现，也是 AMI 综合评价理论的基本理论属性要求。

二　遵循价值主线，形成价值闭环

评价院多年的评价实践表明，AMI 综合评价理论在哲学社会科学评价领域内具有较强的适用性。这种适用性一方面源自 AMI 综合评价理论自身的理论属性，即以价值论为基线贯穿整个理论体系；另一方面，源于哲学社会科学自身的共通属性，即哲学社会科学的研究对象最终均可聚焦在价值（价值关系）这一核心，而价值关系均与人相关，且来自人与物、人与人之间的相互作用关系。AMI 综合评价理论在遵循价值论的基础上，将哲学社会科学蕴含的这两类价值关系抽象概括为吸引力、管理力、影响力这三种具体价值表现形式，从而将这三者和哲学社会科学评价活动的核心概念——价值联系起来。这样，AMI 综合评价理论中的 A、M、I 分别与哲学社会科学领域内活动主体的价值潜力、价值创造能力和价值实现能力形成了相应的映射或反映关系，且构成了价值运动周期的有机完整闭环，使该理论体系科学严谨，在哲学社会科学评价活动中具有较强的适用性。

AMI 综合评价理论的适用性较强具体表现在两方面。一方面，它适用于哲学社会科学范围内的多个领域的评价活动，如期刊评价和智库评价等学术领域的评价活动，商品市场、产业发展和消费等与经济活动密切相关的经济领域的评价活动（功利评价）。另一方面，它可应用于各种类型评价对象，比如有智库等社会组织类评价对象，也有产业、消费等经济活动、现象类的评价对象。AMI 综合评价理论的适用性，使该理论可能具有有待验证的巨大的应用潜力。结合下文的理论应用论述，也能够证实 AMI 综合评价理论所蕴含的生命力。尽管 AMI 综合评价理论具有比较广泛的适用性和较强的生命力，但这绝不意味着该理论在哲学社会科学评价领域是万能的理论，因为目前 AMI 综合评价理论在哲学社会科学中的学术成果、学者个人和学术绩效方面的评价运用仍处于空白阶段且亟待探索研究。实际上，AMI 综合评价理论的理论严谨性与其灵活适用性相辅相成、相互促进，理论的严谨性与运用的灵活性并不冲突。因此，在实践应用中需要基于理论严谨的要求，对评价对象进行认真深入的分析，然后依据理论框架

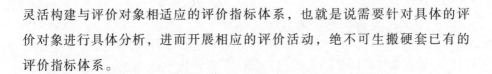

灵活构建与评价对象相适应的评价指标体系，也就是说需要针对具体的评价对象进行具体分析，进而开展相应的评价活动，绝不可生搬硬套已有的评价指标体系。

三　坚持综合方法，明确目标导向

评价模型的框架结构是对评价思路、评价内容、评价维度的规范，决定着评价方式以及评价内容范围和维度的选择，是规范提取评价信息、实施评价活动的基本框架。评价模型的框架结构解决的是"如何评"的问题，是评价活动规范合理的必要条件。在具体评价实践中，依托 AMI 综合评价理论开展的各类评价活动，将由吸引力（A）、管理力（M）和影响力（I）构成的 AMI 评价模型作为其基本的思维运作逻辑框架。评价者依据 A、M、I 的内涵，针对不同的评价对象，在全面深入分析评价对象本质属性的基础上提取相应的评价指标，创建相应的评价指标体系和评价标准体系。接下来，评价者才会依据评价指标体系和评价标准体系开展相应的评价活动，得出相应的评价结果。最后，评价者在对评价结果进行校对审核后，再以书面的形式展示和传播评价结果。经过评价院近 10 年的评价实践检验，基本验证了 AMI 综合评价理论的逻辑严谨性、AMI 模型框架结构的稳定性、评价指标体系和评价标准体系的系统性，以及理论的适用性和拓展应用的可能性。

AMI 综合评价理论的模型结构也呈现多维、全程、综合的特征。在价值维度上，多维不但表现为评价对象在价值活动过程中聚集价值资源的吸引力维度、价值创造的管理力维度和价值实现的影响力维度，还表现为评价对象价值属性结构的政治价值维度、学术价值维度、社会价值维度，还在内容上表现为评价对象的学术声誉价值、学术成果价值、学术伦理价值等。价值活动的全过程，不但表现为聚集价值资源、价值创造性转化和价值实现，以及价值实现对聚集价值资源能力的强化或弱化的闭环循环的全过程，还在价值属性结构上表现为政治价值、学术价值、社会价值的孕育、创造、转化和实现的全过程。综合是一种评价思维方式，它既是评价目的全面、准确的要求，也是评价对象复杂性的体现，是克服评价活动简单化、片面化的有效方式。在这里，AMI综合评价理论中的综合既是评价维度的综合，也是评价过程的综合，也是规范性定性评价与科学定量评价方法的综合，因而，AMI综合评价结果是对评价对象全方位、全过程的系统分析和考察，具有较强的说服力和可接受度。这意味着近10年来，评价院基于AMI综合评价理论的综合评价，坚持"以评促建、以评促改"的评价理念，是通过综合评价来克服定性评价或定量评价的简单、片面方面的不足和缺陷，引导学术评价的多维综合评价的方向，助力中国特色哲学社会科学繁荣，推动经济社会发展，进而引导评价对象顺势发展，从而为人民、为社会发展创造更多的学术价值和社会价值。

评价方法是分析处理评价信息的具体手段和措施，解决的是"怎么评"的问题。评价方法是在评价模型架构的基础上对体系内的各项指标进行信息处理、价值判断的具体措施，一般分为定性评价和定量评价。定性评价属于规范评价，是对评价对象做"质"的分析，采用分析和综合、比较与分类、归纳和演绎等逻辑分析方法对评价对象做出定性评价结论的价值判断。定量评价属于实证评价，是对评价对象做"量"的分析，采用数学的方法，收集和处理数据资料，对评价对象做出定量结果的价值判断。评价方法的选择直接决定评价结论得出的方式，直接影响评价结论的合理性与科学性，是评价活动价值合理与价值科学选择的具体体现。基于AMI综合评价理论的评价指标体系具有定性与定量相结合的显著特点：定性评价不仅表现为意识形态指标和学术伦理指标，还表现为各类各级专家同行评议指标。定量评价主要表现为以量化呈现的各个指标，譬如期刊评价中的发文量、下载量、转载量、影响因子等各量化指标。AMI综合评价指标体系既克服了片面追求合理性、弱化科学性的简单定性评价的不足，又克服了片面强调科学性、弱化合理性的定量评价的缺陷，是内容与形式兼顾、定性与定量综合、合理性与科学性相兼容的综合评价体系，是适应哲学社会科学双重属性及评价结果双重性要求的评价理论体系。

定性评价与定量评价相结合的评价指标体系是哲学社会科学的政治

属性和学术属性的必然要求，也是评价结果的合理性和科学性的必然要求。在适应哲学社会科学属性和评价要求的基础上，AMI 综合评价理论的评价指标体系还呈现明显的质量导向特征：这一方面表现为政治立场、意识形态和价值取向的内容质量导向，体现了哲学社会科学的政治属性，反映了"为了谁"和"服务谁"的政治立场和价值追求；另一方面表现为学术规范、学术伦理、学术队伍、学术活动等各类学术行为的质量导向，体现了哲学社会科学的学术特质，反映了"求真""求知"的科学态度。这样，AMI 综合评价理论的质量导向是融合以内容为载体的意识形态和以规范形式为载体的科学构成的内容和形式双重质量提升的要求，具有学术质量形式和内容全面提升的内涵和要求，因而对学术质量全面提升的导向比较明确。

第三节　AMI 综合评价理论发展的展望

　　AMI 综合评价理论是基于哲学社会科学评价（尤其是学术评价领域）问题而构建的兼顾内容和形式，以质量为导向的理论体系（即缓解"重形式、轻内容"的评价风气），是兼顾政治性、学术性和社会性的评价体系，也是全过程、全要素的综合评价体系，意在实现"以评促建、以评促改"的评价目标。近 10 年的应用实践证明，AMI 综合评价理论具有较强的适用性和较大的应用潜力。为了更好地发挥 AMI 综合评价理论对哲学社会科学评价实践的指导功能，未来需要在加强反思总结、丰富理论的基础上规范实践应用和扩大学术交流，以增强理论的生命力，扩大理论的影响力。

一　夯实理论基础，丰富理论内涵

　　AMI 综合评价理论作为哲学社会科学评价领域的一种评价新思想和新方法，当前仍处于丰富完善、理论优化的关键时期，相关的理论基础有待进一步夯实。理论是对经验现象或事实的科学界说和系统解释，常是一系列特定的概念、原理（命题）以及对这些概念、原理（命题）的严密论证组成的知识体系。[①] 在本书形成之前，尚没有对 AMI 综合评价理论进行系统论述的专著，没有丰富且深入的学术性研究，没有围绕 AMI 综合评价理论的有针对性的学术成果。通过查阅基于 AMI 综合评价理论实践运用的相关报告成果可以发现，在这些报告中，对于 AMI 综合评价的理论性论述大都相对单薄，对其蕴含的综合评价思想、模型构成的理论逻辑论述也大多是点到为止，对其中核心概念的界定也不够清晰；对理论中基本要素间的关系的论述更显不足。由此可见，本书系首次对 AMI 综合评价思想和框架体系进行的系统梳理和学理性论述的学术成果。已有的 AMI 综合评价的研究和应用者受自身评价基础理论积淀的约束，再加上对 AMI 综合评价理论蕴含的思想内涵、模型框架的构成逻辑及对实践应用理解的不够全面，难免对 AMI 综合评价理论的阐述还不到位，不够严谨和细致，因此，以后需在应用实践的同时，进一步强化基础理论研究和对 AMI 综合评价理论的深化阐释与系统性论述，以求在夯实其理论基础的同时丰富其理论内涵，增强理论的生命力。

目前，AMI 综合评价理论的研究应用者范围十分有限，主要局限于社科院评价院，其他学者对于该理论的了解、认可度有待提高。外界对于理论的研究关注度不够，鲜有的对 AMI 综合评价报告的分析和研究也仅限于将 AMI 综合评价成果与其他评价成果进行对比分析，而非对 AMI 综合评价理论的有针对性的分析。[②] 这也要求以评价院为主体的 AMI 综合评价理论研究者在强化评价基础理论研究的基础上，提高对 AMI 综合评价理论的研究意识，强化评价思维，明确内涵，厘清核心概念和模型框架的内在逻辑，这样方能奠定 AMI 综合评价理论的理论根基。这也要求以评价院为主体的 AMI 综合评价理论实践应用者，要强化提升应用 AMI 综合评价理论指导评价实

---

① 徐长山、王德胜编著《科学研究艺术》，解放军出版社，1994，第 174 页。

② 黄清子、马亮：《如何评价中国智库评价——基于五组评价报告的比较研究》，《中国社会科学评价》2020 年第 4 期，第 141~154、158 页；张耀铭：《学术评价存在的问题、成因及其治理》，《清华大学学报》（哲学社会科学版）2015 年第 6 期，第 73~88、190~191 页；周耀林、李沐妍：《基于评价指标视角的档案智库建设框架构建》，《档案学通讯》2021 年第 6 期，第 31~39 页。

践的能力和水平，为理论的完善提供实践支撑。概而言之，AMI 综合评价理论就是要以哲学的认识论、价值论和评价论为理论根基，从基础理论层面回答好评价"从哪里来""到哪里去""为何评"等本源性问题。评价基础理论是"道"，是塑造 AMI 综合评价理论"魂"的基础和前提，也是 AMI 综合评价理论生命力的源泉。评价实践是 AMI 综合评价理论的"形"，是展示 AMI 综合评价理论"神"的具体形式，是 AMI 综合评价理论生命力的又一源泉。加强评价基础理论研究和规范评价实践是夯实 AMI 综合评价理论基础的必然要求。

此外，在加强评价基础理论研究和规范应用的同时，评价理论研究者要密切关注教育学、管理学、语言学、统计学等学科中的评价研究，以便吸收、借鉴其中具有普适性的评价思想、观点和方法，回答好"怎样评"的问题，进而构筑好 AMI 综合评价理论框架，丰富理论的"术"的应用。比如，优化评价模型、调整评价方法等，从而避免评价理论陷入"哲学"困境。吸收借鉴是丰富 AMI 综合评价理论的重要方式和必然要求。这样，加强基础理论研究、规范实践和借鉴吸收，能够使 AMI 综合评价理论基础坚实、内涵丰富、体系完善、实用性增强，理论的适用性和生命力得到提升。规范评价实践要求明确理论适用对象，明确理论主要运用对象就是要确定 AMI 综合评价要解决哪一领域、哪种对象的评价问题。这样才能有效汇聚核心力量，集中研究精力，创造理论发展的突破口。鉴于管理力在 AMI 综合评价理论中处于核心地位，而管理力对于具有较强系统性的组织类评价对象更为契合且重要，因此，相对于个人、成果类的评价客体而言，AMI 综合评价对组织机构类评价对象具有先天优势，故可将 AMI 综合评价理论实践应用的对象的重点定位于组织机构类评价对象。譬如，典型智库、学术机构和高校等。与此同时，要以期刊评价和智库评价为抓手，基于已有的评价经验，秉承精益求精的工匠精神，精进优化评价指标体系，严格做好评价活动各环节工作，提高评价活动的规范性，以保证评价质量，增强评价结果的说服力、权威性，打造精品，塑造品牌性成果，为提高评价成果影响力和 AMI 综合评价理论的适用性奠定基础。

二　规范理论应用，增强理论意识

在 AMI 综合评价理论的实践过程中，结合过去和当前应用实际，可以发现，实践应用者对一些需要规范的问题的认识还未统一，对 AMI 综合评价理论框架的规范应用的意识还不够强。比如，评价成果报告中"AMI"与"综合评价"的逻辑顺序存在差异，有的表述为"AMI 综合评价"，有的表述为"综合评价 AMI"，且报告中也没有对"AMI"与"综合评价"使用的顺序进行相应论述，致使成果报告的受众无法理解"AMI"和"综合评价"的关系。此外，在具体的评价实践中，一些指标设置稍显简单、单薄，指标设置有待优化。这种现象存在的原因有可能是不同的理论应用者对于"AMI"与"综合评价"二者之间的关系的理解和认知存在差别，还未达成统一的认识；也可能是尽管已形成统一的理论认识，但是对理论内涵的理解不够深入，规范应用理论的意识不强。对于理论认识的不统一和应用的不规范的问题，需要在夯实基础评价理论的基础上，进一步深化实践者对 AMI 综合评价理论的理解和规范应用，强化理论应用的规范性和一致性。

为了更好地服务于实践，AMI 综合评价的理论研究者应积极与实践应用者加强交流，尽可能阐释实践者相关行为背后的逻辑。为了提升实践能力和水平，理论应用实践者也应主动与理论研究者交流，提出困惑与诉求，以理性理解 AMI 综合评价理论的思想内涵及其框架体系的逻辑关系，进而基于理论做好评价实践工作。理论研究者和实践应用者需要加强交流，以在理论的一些关键问题上达成共识。对于已经形成理论共识的问题，实践者在今后的实践应用中应保持理论规范运用意识，做到规范使用和表达。对于暂时无法统一认识的问题，理论研究者要包容并允许不同认识存在和发声，尽可能求同存异，并将这些不同作为理论丰富和发展的动力；实践应用者对于自身独特的观点，应在保证与 AMI 综合评价理论核心思想相一致的前提下，在报告中对其独到见解做有针对性的阐释。无论是理论研究者还是理论应用者，要基于实际明确自身观点，直面分歧不回避，以共同促进 AMI 综合评价理论的不断丰富和完善。

理论实践应用中的不规范问题是理论形成和发展过程中的常见性问题，是理论不成熟的具体体现。要发展 AMI 综合评价理论，实践中的规范应用是日益紧迫和越发必要的。AMI 综合评价规范应用是基于实践经验总结的理论表达，规范应用本身就是理论表达的一致性问题。对于实践运用的不规范问题，需要在不断丰富和强化理论的同时明确并统一 AMI 综合评价理论中的基本概念、模型架构、标准体系设定、指标体系构建等方面的规定，明确理论基本内容、基本要素构成及实践应用程序。对实践应用而言，需要增强框架结构统一、思维逻辑一致的理论意识和规范应用与规范表达的意识。只有这样，才可能使 AMI 综合评价理论更加成熟。

三　深化学术交流，扩大理论影响

AMI 综合评价理论及其应用的成果虽形成一定的影响力，但是尚未形成标志性知名品牌，这导致相关评价成果的影响力不够。基于 AMI 综合评价的期刊评价结果的影响力目前仍主要限于学术期刊，承认并应用 AMI 综合评价结果的主体仍比较有限。2022 年，评价院与同方知网达成战略合作，期刊的 AMI 综合评价成果的影响力得以大幅提高，开始突破期刊界，引起学者、高校的广泛关注。目前，评价院已在成果评价、人才评价、绩效考核中充分参照 AMI 综合评价的思路和框架开展产业评价、行业评价、活动评价，取得了较好的反响，AMI 综合评价理论的应用范围有所拓展。为了更好地推广 AMI 综合评价理论，扩大其使用范围，提升其在成果评价、人才评价和绩效评价领域的影响力，需要明确 AMI 综合评价理论适用的主要对象，同时能够根据对象所处领域的评价现状，思考理论及其评价成果的价值所在，以打造精品评价成果。对于存在其他评价目前处于统治地位的领域（如期刊评价），要根据 AMI 综合评价的特点，突出 AMI 综合评价的优势所在，宣传 AMI 综合评价成果的价值。对于相对新兴的评价领域（如智库评价、公共政策评价等），要根据 AMI 综合评价理论的特点，有针对性地选择相关领域和评价对象，大胆探索和尝试，抢占评价制高点。在这一过程中，要拓展理论运用空间，探索理论优化可能，检验理论的观点、逻辑和方法。

为扩大 AMI 综合评价理论的影响力，需要结合经济社会发展现实，了解哲学社会科学评价中的难点、热点和评价需求，尝试将 AMI 综合评价应用于经济活动、社会活动评价，适当开辟综合评价的新领域、新对象、新空间（如公共政策评价）。这样基于不同评价对象的性质、特点和运作基础进行相应指标体系设计和构建。开辟新领域应用既能为理论发展注入活力，又能扩大理论的影响范围，有利于提高理论影响力的广度。在扩大影响力方面，可依托现有组织或平台，加强与业内其他同行间的交流和学习，争取信息共享，谋求共识和共赢，促进评价领域资源优化。此外，可依据理论自身的特色和定位，通过举办讲座、学术交流会、成果发布会等，加强与评价领域（如学术领域、经济领域和政治领域）中相关主体（如高校、智库等）的沟通与合作，以推进 AMI 综合评价理论的影响力。

四 加强反思总结，坚持自我革命

在近 10 年的评价实践活动中，AMI 综合评价的应用实践范围不断拓展，然而，对 AMI 综合评价的总结梳理和相应的理论研究却没有及时跟上，造成了实践应用的拓展节奏远远领先于理论建设的步伐这一"不和谐"现象。这一问题由一系列因素导致，主要原因有两个方面。一是基于实践的理论发展往往滞后于实践自身进展。这是因为源自实践的理论本身就是基于对现实的思考、对实践的总结，如果没有足够丰厚的实践"土壤"，便无法真正地结出蕴含一定思想的理论"果实"。二是评价理论研究人员少且缺乏基础评价理论支撑。评价院从 2018 年 8 月设立评价理论研究室，至 2019 年 7 月只有研究人员 1 名，至 2022 年 7 月才发展到 3 名研究人员。这 3 名研究人员的专业分别是经济学、管理学和教育学，都需要在学习和储备评价学的专业知识后才能推进 AMI 综合评价理论的梳理总结和学理阐释工作。鉴于以上客观原因，以及实际工作中的其他任务安排，形成了理论研究滞后于评价实践的现实。

评价理论研究人员经过不懈的努力，克服种种困难，目前已经形成了相对系统的 AMI 综合评价理论。不过，基于过去的经验教训，AMI 综合评价理论研究和运用者今后应不断反思总结，稳步推进 AMI 综合评价理论的自我革命。为此，一方面要紧密结合 AMI 综合评价运用的实际，立足 AMI 综合评价实践这一客观基础优势，及时推进并做好理论反思和总结工作。正如中国共产党能够"直面自身存在的问题，勇于自我革命，始终保持先进性和纯洁性，不断增强创造力、凝聚力、战斗力"，① AMI 综合评价理论研究者应秉持自我革命的精神，不断深化对理论发展历史的梳理、运用情况的总结、评价项目的对比，精准分析理论存在的问题和不足，不断调整丰富和优化理论，强化理论的思想基础、内涵本质和框架体系，以谋理论立身之基。另一方面，评价理论研究者要立足新时代中国特色社会主义伟大实践主动推进理论创新。"新时代改革开放和社会主义现代化建设的丰富实践是理论和政策研究的'富矿'，我国经济社会领域理论工作者大有可为"，② 评价理论研究者也需要结合时代需要，锐意创新，善于把握理论创新的新机遇，为 AMI 综合评价理论注入时代的新内涵，提升理论生命力。

　　AMI 综合评价强调价值导向，强调每一位评价者在进行评价工作时应时刻明确自身的评价目的。评价实践者需要根据评价目的设计具体的评价工作，引导评价对象的建设和发展，针对评价对象自身或者基于宏观性的社会发展需要进行评价。可见，AMI 综合评价理论有自身独特的价值追求，表现为独特的评价立场、评价视角、评价使命和评价目标。尽管如此，AMI 综合评价的目标不是取代其他评价方法、评价体系，而是提供一种评价观点、评价思路和评价体系。丰富和完善 AMI 综合评价理论，需要评价理论研究者、评价实践者和哲学社会科学建设者共同努力，以提升理论生命力，增强理论指导实践的适用性。

---

① 《习近平在省部级主要领导干部学习贯彻党的十九届六中全会精神专题研讨班开班式上发表重要讲话》，2022 年 1 月 11 日，中国政府网，http：//www.mofcom.gov.cn/article/szyw/202201/20220103236379.shtml，最后访问日期：2022 年 4 月 23 日。
② 《习近平：在经济社会领域专家座谈会上的讲话》，2020 年 8 月 24 日，中国政府网，http：//www.gov.cn/xinwen/2020-08/25/content_5537101.htm，最后访问日期：2022 年 4 月 23 日。

第八章

AMI 综合评价理论运用的项目实例

　　分析研究理论的应用案例，能够更为具体、形象地展示理论中的概念和模型，不同时期和阶段的案例还能展现出理论发展、演变和完善的过程。要想实事求是地体会 AMI 综合评价理论是什么、真实具体地感知 AMI 综合评价理论如何运用，了解 AMI 综合评价理论的项目实例十分必要。本章选取 AMI 综合评价目前于不同领域、不同对象的运用项目报告，以展现 AMI 综合评价活动的实际过程，方便读者结合实际来体会 AMI 综合评价理论。

第一节　AMI 综合评价之期刊评价[①]

一　项目概况

　　长期以来，学术评价体系不仅困扰着我国哲学社会科学研究者，而且困扰着对应的管理者。如何科学地发挥学术评价的"指挥棒"作用，激发哲学社会科学研究者的热情，提高科研的产出和质量，是当下我国哲学社会科学界面临的首要问题。评价院（时称评价中心）成立后即启动"中国人文

---

① 本节内容由《中国人文社会科学期刊 AMI 综合评价报告（2022）》（简版）整理而来，该报告来自评价院官网（http://casses.cssn.cn/kycg/），文中不再标注引文。

社会科学期刊评价"项目。

通过近一年的共同努力，项目组于 2014 年 11 月在人民大会堂隆重推出《中国人文社会科学期刊评价报告（2014）》，创新地提出了中国人文社会科学期刊 AMI 综合评价指标体系，独树一帜地倡导坚持正确的意识形态导向，对存在政治方向问题的期刊实行"一票否决"制，探索主观评价与客观评价更好地结合，开创中国人文社会科学期刊评价的新时代。此后，评价院每四年组织一次期刊评价。2018 年，评价院进行第二轮期刊 AMI 综合评价，项目组坚持并持续创新 AMI 评价体系，将评价结果统称为"A 刊评价"，扩大评价期刊的范围，细化和调整学科分类，塑造全新的同行评价四个层级。第三轮期刊 AMI 综合评价于 2022 年顺利进行，项目组锐意突破，在中国人文社会科学期刊评价的基础上，开拓了中国人文社会科学学术集刊评价和中国职业高等院校期刊评价。

本节以 2022 年度的期刊 AMI 综合评价项目为例，阐述 AMI 综合评价理论的运用，具体将围绕 2022 年老牌刊的评价实践进行说明。

二 评价对象

（一）老牌刊的概念

老牌刊，亦称老刊，是指我国主办的创刊 5 年以上（2016 年及以前创办）的中文人文社会科学学术期刊。本轮评价老牌刊共分为 33 个学科子类，共有 1904 种期刊。

（二）老牌刊的学科划分与归类

1. 学科分类的划分依据

以《中国人文社会科学期刊 AMI 综合评价报告（2018 年）》中期刊分类为基础，结合教育部《研究生教育学科专业目录（2022 年）》、国家标准《学科分类与代码》（GB/T 13745—2009）以及《中国图书馆分类法》（第五版）等学科、图书分类方法，2022 年度的 1904 种老牌刊在评价时共被分成 3 个学科大类、23 个学科类和 33 个学科子类进行评价，期刊分类情况如表 8-1 所示。

表 8-1 老牌刊学科分类体系（2022 版）

序号	大类	学科	学科子类
1	人文	考古文博	考古文博
2		历史学	历史学
3		马克思主义理论	马克思主义理论
4		民族学与文化学	民族学与文化学
5		文学	外国文学
6			中国文学
7		艺术学	艺术学
8		语言学	语言学
9		哲学	哲学
10		宗教学	宗教学
11	社科	法学	法学
12		管理学	管理学
13		环境科学	环境科学
14		教育学	教育学
15		经济学	财政与审计
16			工业经济
17			金融
18			经济管理
19			经济综合
20			贸易经济
21			农业经济
22			世界经济
23		人文地理学	人文地理学
24		社会学与人口学	社会学与人口学
25		体育学	体育学
26		统计学	统计学
27		图书馆·情报与档案学	图书馆·情报与档案学
28		心理学	心理学
29		新闻学与传播学	新闻学与传播学
30		政治学	国际政治与区域国别
31			中国政治(含党·政刊)
32	综合	综合类	高校综合性学报
33			综合人文社科期刊

其中，《研究生教育学科专业目录（2022 年）》新增交叉学科区域国别学、国家安全学入"国际政治与区域国别"，设计学入"艺术学"，文物入"考古文博"。部分新增的党建刊物、政策研究类刊物根据内容入"中国政治（含党·政刊）"或"马克思主义理论"。其他一些新增学科类期刊根据情况个案处理。

2. 期刊的学科归类方法

1904 种老牌刊中有 1291 种期刊是 2018 年的评价对象，这些期刊的分类基本沿用《中国人文社会科学期刊 AMI 综合评价报告（2018 年）》中的分类方法，少量期刊的分类进行了调整。另外 613 种新增期刊的分类方法如下。

第一，参考《中国图书馆分类法》（第五版）、期刊 CN 号（国内统一刊号）、期刊论文分类号等对期刊进行粗分类。第二，参考 CNKI（中国知网）、万方数据平台等期刊数据库对期刊的分类进行修订。第三，参考南京大学《中文社会科学引文索引（CSSCI）来源期刊目录》、北京大学等《中文核心期刊要目总览》等对期刊分类进行调整。第四，请相关专家把关，核查分类中出现偏差的期刊。第五，在评价院微信公众号和网站公示评价期刊名单及分类，接受学术界反馈意见。第六，请各期刊编辑部填写相关信息，申报、纠正其期刊所属学科类。第七，汇总分类意见，确定期刊分类。

（三）期刊名单的确立与分布

以评价院自建中国人文社会科学 A 刊引文数据库（CHSSCD）期刊源为基础，结合专家推荐、编辑部申请等情况，我国发行的 1904 种 2016 年及以前创刊的中国人文社会科学学术性期刊被筛选、确定为本次期刊评价的对象。将 1904 种期刊按照 3 个学科大类、23 个学科类和 33 个学科子类进行划分，各学科类期刊数量分布如表 8-2 所示。

表 8-2　中国人文社会科学期刊评价学科的期刊数量（按音序排列）

序号	大类	学科	学科子类	期刊数量
1	人文	考古文博	考古文博	28
2		历史学	历史学	54
3		马克思主义理论	马克思主义理论	29
4		民族学与文化学	民族学与文化学	41

续表

序号	大类	学科	学科子类	期刊数量
5		文学	外国文学	10
6			中国文学	35
7		艺术学	艺术学	94
8		语言学	语言学	54
9		哲学	哲学	25
10		宗教学	宗教学	9
11	社科	法学	法学	76
12		管理学	管理学	71
13		环境科学	环境科学	21
14		教育学	教育学	163
15		经济学	财政与审计	18
16			工业经济	19
17			金融	53
18			经济管理	45
19			经济综合	82
20			贸易经济	31
21			农业经济	24
22			世界经济	12
23		人文地理学	人文地理学	34
24		社会学与人口学	社会学与人口学	33
25		体育学	体育学	29
26		统计学	统计学	11
27		图书馆·情报与档案学	图书馆·情报与档案学	51
28		心理学	心理学	11
29		新闻学与传播学	新闻学与传播学	38
30		政治学	国际政治与区域国别	41
31			中国政治(含党·政刊)	185
32	综合	综合类	高校综合性学报	368
33			综合人文社科期刊	109
合计				1904

三　评价指标体系

评价院在结合《人文社会科学期刊评价》（GB/T 40108—2021）与《中国人文社会科学期刊 AMI 综合评价指标体系（2018 版）》的基础上，根据国家近期相关政策文件精神，结合哲学社会科学特点，在充分听取专家意见的基础上，经过讨论、修订、公示等多个环节步骤，研制完成《中国人文社会科学期刊 AMI 综合评价指标体系（2022 版）》［以下简称《AMI 期刊评价指标体系（2022 版）》］。《AMI 期刊评价指标体系（2022 版）》研制的方法步骤具体如下。

第一步：初步制定。评价院根据习近平总书记系列讲话精神、国家的最新政策精神及自 2018 年上一版发布后听取的各方意见，结合《人文社会科学期刊评价》（GB/T 40108—2021）和《中国人文社会科学期刊 AMI 综合评价指标体系（2018 版）》，形成《AMI 期刊评价指标体系（2022 版）》初稿。第二步：专家委员会讨论。在召开的多个学科的专家委员会会议中，对《AMI 期刊评价指标体系（2022 版）》进行了讨论、修订。第三步：指标公示。在评价院微信公众号和网站对《AMI 期刊评价指标体系（2022 版）》进行公示，公示期为 1 个月。第四步：确定《AMI 期刊评价指标体系（2022 版）》。

2022 版老牌刊的评价根据《AMI 期刊评价指标体系（2022 版）》实施。《AMI 期刊评价指标体系（2022 版）》由 3 个一级指标、13 个二级指标和 31 个三级指标构成，实行"一票否决"制，设置"一票否决"指标、计分指标、加分指标、扣分指标和观察指标，各指标按照人文、社科、综合三大学科类分权重计分，各指标统计时间及数据来源有所不同，详见表 8-3。

四　数据来源和评价数据

（一）数据来源

本轮老牌刊评价的数据来源主要由三部分构成：一是评价院自建、自采数据；二是第三方数据；三是期刊编辑部自评数据。

表8-3　中国人文社会科学期刊AMI综合评价指标体系(2022版)

一票否决指标：如认为该期刊有违马克思主义基本原理，或有违中央现行基本方针政策，或存在情节严重的捏造、篡改、抄袭、买卖版面等学术不端行为，则一票否决，直接取消参评资格

各学科类指标权重				一级指标(3个)	二级指标(13个)	三级指标(31个)	指标说明	是□(一票否决) 否□(继续打分)	指标采集时间、来源及备注
类1	类2	类3	类4						
45%	40%	35%	评价指标供参考，以专家同行评议为主，此类期刊不单独列类，人各学科中评价	吸引力(100%)	荣誉情况(10%)	期刊获奖	中国出版政府奖		时间:2018年至2022年6月。来源:官网,评价院自采数据
							国家社科基金资助出版;学术外译项目资助期刊		时间:2012年至2022年6月。备注:已经取消资格的期刊不加分。来源:官网,评价院自采数据
							中国科技期刊卓越行动计划		时间:2018年至2022年6月。来源:官网,评价院自采数据
						论文获奖	中宣部出版局"期刊主题宣传好文章"推荐;论文获得的行业奖项		时间:2018年至2022年6月。来源:官网,评价院自采数据。备注:每个学科不多于2项
						人员获奖	中国出版政府奖;中宣部"四个一批"		时间:2018年至2022年6月。来源:官网,评价院自采数据
					文章状况(10%)	基金论文比	该指标本轮评价为删除指标		时间:2018年至2022年6月。来源:CHSSCD。备注:该指标为删除指标,基金论文比指标上一定程度上是比较好的论文,但是基金论文比指标存在滥用倾向,指标为引导期刊良好发展方向,此指标在本轮次评价中不使用
						开放度	开放获取,开放数据,开放行评议等开放科学实践的程度		时间:2018年至2022年6月。来源:网络,评价院自采数据

续表

各学科类指标权重				一级指标（3个）	二级指标（13个）	三级指标（31个）	指标说明	指标采集时间、来源及备注
类1	类2	类3	类4					
						下载量	篇均下载次数	时间:2021年。来源:中国知网 Web 即年下载率
					同行评议（80%）	咨询委员	期刊评价原则、标准的制定、修订与指导，打分时与专家委员会权重相同	时间:2018年至2022年11月。来源:座谈会、通讯、评审等。备注:对期刊评价工作的指导及日常监督；期刊评价打分时一起计分；对评价结果进行审定；对评审报告进行审定
						专家委员	根据同行评议指标进行打分	时间:2018年至2022年11月。来源:座谈会、通讯、评审等
						推荐专家	根据同行评议指标进行打分	时间:2022年7月至11月。来源:数据采集网站。备注:由咨询委、专委委员（每个编辑部可推荐10人）、编辑部（每个编辑部可推荐30人）及特邀专家推荐的学者构成
						评阅专家	根据同行评议指标进行打分	时间:2022年9月至10月。来源:数据采集网站。备注:类似于"大众点评"，由科研人员、博士研究生、期刊作者等参与打分，参加评议的人员要遵守学术规范，抽查学者的真实性，以保证评议人员的真实有效性

续表

各学科类指标权重				一级指标（3个）	二级指标（13个）	三级指标（31个）	指标说明	指标采集时间、来源及备注
类1	类2	类3	类4					
					学术不端（-20%）	学术不端	交叉引用／交叉署名、抄袭剽窃，通过"论文中介"组稿等期刊造成的学术不端行为	时间:2018年至2022年11月。来源:举报及国家新闻出版署等。备注:该指标为扣分指标，无学术不端行为得"0"分，存在问题进行扣分
				管理力（100%）（3个一级指标先按照100%计算分数，随后按大学科类计算权重；各一级指标的二级指标按二级指标的一级指标分对应瓜分照100%计算）	制度规范（10%）	制度建设	采稿（约稿）制度、发稿（审稿）制度、编辑培训制度、业务考核制度等	时间:2018年至2022年6月。来源:期刊自评表，评价院自采数据
						编校规范建设	对编校制度、校对制度的建设等	时间:2018年至2022年6月。来源:期刊自评表，评价院自采数据
					信息化建设（40%）	网站建设	网站建设、网站内容完备性及更新情况	时间:2018年至2022年6月。来源:期刊自评表，评价院自采数据
20%	20%	20%	评价指标参考以供同行专家评议为主，此类期刊独列不单类人各学科中评价			在线稿件处理系统	在线投稿、审稿系统建设情况	时间:2018年至2022年6月。来源:期刊自评表。备注:旨在引导编辑部弥补系统投、审稿方式的不足、提高投、审稿效率，缩短出版周期，以满足网络环境下用户需求
						微信公众号	微信公众号建设情况	时间:2018年至2022年6月。来源:评价院自采数据。备注:新信息环境下期刊传播情况

续表

各学科类指标权重				一级指标（3个）	二级指标（13个）	三级指标（31个）	指标说明	指标采集时间、来源及备注
类1	类2	类3	类4					
					队伍建设（10%）	编辑队伍	编辑队伍，含主编尽职情况和专职校对人员情况；编委队伍，含国际编委情况，编委作用发挥情况	时间:2018年至2022年6月。来源:期刊的版权页，期刊自评表。备注:该指标为观察指标，2022年评价时不计分，2022年评价关注各期刊编辑队伍建设情况
						作者队伍	作者梯队及机构地区分布等情况；作者国际化情况	时间:2018年至2022年6月。来源:CHSSCD。备注:该指标为观察指标，2022年评价时不计分，2022年评价关注各期刊作者队伍建设情况
					编校质量（40%）	中文编校质量	出版规范，论文内容及相关题录信息，参考文献信息的规范性，准确性情况等	时间:2018年至2022年6月。来源:国家新闻出版署，评价院抽检2021年第一期的第一篇学术论文和2021年最后一期的最后一篇学术论文
						英文摘要质量	英文摘要的准确性，完整性	时间:2018年至2022年6月。来源:评价院《中国人文社科期刊英文摘要质量评测报告（2021年）》。备注:该指标为观察指标
					期刊特色化（+5%）	期刊的特色化情况	紧密服务党和国家中心工作情况，促进学科发展情况；冷门绝学，传统文化，交叉学科情况等；采用特色化的技术，做法情况等；培养青年作者情况等	时间:2018年至2022年6月。来源:《中国人文社科期刊特色化案例选编（2019年）》，期刊自评表。备注:该指标为加分指标。此为总分外的附加项，类似专家试判断加题的得分指标，作为专家判断的参考性指标

续表

各学科类指标权重				一级指标（3个）	二级指标（13个）	三级指标（31个）	指标说明	指标采集时间、来源及备注
类1	类2	类3	类4					
35%	40%	45%	评价指标供参考,以专家同行评议为主,此类期刊不单独列类,入各学科中评价	影响力（100%）	学术影响力（70%）	期刊发文量	期均发文量及变化趋势	时间:2018年至2022年6月。来源:CHSSCD。备注:该指标为观察指标,此指标考察引导期刊制定合理的发文量,发文量不能过大,但也不能太小
						即年影响因子	期刊在统计年发表的论文当年被引的次数与该刊当年发表的论文数之比	
						影响因子	期刊在统计年前两年发表的论文在统计年被引的次数与该刊前两年发表的论文数之比	
						五年影响因子	期刊在统计年前五年发表的论文在统计年被引的次数与该刊前五年发表的论文数之比	时间:2017年至2021年。来源:CHSSCD,评价院自采数据及中国知网即年影响因子（复合）原始数据（复合）和5年影响因子（复合）指标
						论文转载量	《新华文摘》《中国社会科学文摘》《社会科学文摘》《高等学校文科学术文摘》和中国人民大学《复印报刊资料》论文摘转数据	评价院自采数据及相关文摘支持的论文转载（复合）指标、影响因子（复合）指标

续表

各学科类指标权重				一级指标(3个)	二级指标(13个)	三级指标(31个)	指标说明	指标采集时间、来源及备注
类1	类2	类3	类4					
					政策影响力(10%)	政策影响	政策影响、政策转化情况	时间:2018年至2022年6月。来源:期刊编辑部提供
					社会影响力(10%)	发行量	纸质期刊发行数量	时间:2018年至2022年6月。来源:评价院自采数据
						网络显示度	网络传播力	时间:2018年至2022年6月。来源:国家新闻出版署。备注:该指标为观察指标,2022年评价时不计分,但会关注期刊的网络传播情况
						海外发行	版权输出、海外出版情况	时间:2018年至2022年6月。来源:国家新闻出版署。备注:该指标为观察指标,2018年评价时不计分
					国际影响力(10%)	国外数据库收录	被国外重要数据库收录情况	时间:2018年至2022年6月。来源:评价院自采数据
						国际引用	被国外期刊引用次数	时间:2018年至2022年6月。来源:CNKI 的《中国学术期刊国际引证年报》

1. 评价院自建、自采数据

自主研发的数据库。中国人文社会科学 A 刊引文数据库（CHSSCD）由评价院自主研制建设，包含 1919 种期刊自 1999 年至 2021 年的期刊引文数据。

中国人文社会科学论文摘转数据库由评价院自主研制建设，包括《新华文摘》、《中国社会科学文摘》、《社会科学文摘》、《高等学校文科学术文摘》及中国人民大学《复印报刊资料》2012~2021 年论文摘转数据。

评价院采集数据。一是电子版期刊数据。通过下载期刊论文电子版的形式抽查期刊论文参考文献信息准确性等内容。二是网络信息数据。通过访问期刊网站、机构网站等采集期刊"网站建设""微信公众号""开放度"等信息。三是调研数据。以问卷调查、电话咨询、实地走访、专家座谈等形式采集"荣誉状况""文章状况""学术不端""制度规范""信息化建设""队伍建设""社会影响力"等指标的数据。

2. 第三方数据

第三方数据主要由社科院国家哲学社会科学文献中心（学术期刊数据库）和中国知网支持。

3. 期刊编辑部自评数据

各期刊编辑部填写期刊自评表，采集编辑队伍、管理制度等指标信息。

（二）数据采集

由于指标的计算方法不同，每个指标的采集时间亦有所不同，详见表 8-3。

五　评价成果

期刊 AMI 综合评价按照期刊学术水平、综合评价得分及实际工作情况依次划分为顶级、权威、核心、扩展及入库五个等级。评价结果的排序方法是"划等不排序"，每个等级期刊按照期刊名称音序进行排列。2022 年期刊评价最终评出 22 种顶级期刊（1.16%）、55 种权威期刊（2.89%）、605 种核心期刊（31.78%）、775 种扩展期刊（40.70%）和 447 种入库期刊

（23.48%），其中顶级期刊、权威期刊共 77 种，占期刊总数的 4.04%，核心及以上级别期刊共 682 种，占期刊总数的 35.82%。①

第二节　AMI 综合评价之商品交易市场评价②

一　项目概况

党的十八大以来，我国经济社会进入新的发展阶段，经济增速放缓，劳动力人口开始逐年减少，环境保护压力加大，产业结构调整加快，走集约型、可持续的新型发展道路成为既定的战略方向。党的十九大揭开了新时代的序幕，强起来成为新时代最强的音符，创新引领的高质量发展成为新时代经济发展的主旋律。在此背景下，商品交易市场作为中国特色社会主义市场经济配置资源的核心环节，如何推动创新发展，提升资源配置效率，提升经济发展质量，成为新时代政府、学界和业内人士面临的新命题。

鉴于商品交易市场在国民经济和社会发展中的重要性，社科院商品交易市场研究项目组自 2005 年以来就开始关注、跟踪和研究我国的商品交易市场。2006~2019 年，项目组在大量走访和对全国各地大市场实地调研的基础上，先后 10 次发布了中国商品市场发展研究报告。2013~2021 年，项目组先后 4 次受浙江省人民政府的委托，分别于第八届中国商品交易市场峰会、第九届中国商品交易市场峰会和第十届中国商品交易市场峰会上发布了中国商品交易市场百强榜单及百强市场分类榜单。榜单的发布受到业内的高度关注和好评，对商品交易市场的发展起到了很好的引领作用。

本节综合 2019 年和 2021 年两份项目报告进行论述。

---

① 评价结果详见项目报告《中国人文社会科学期刊 AMI 综合评价报告（2022）》（简版）。
② 本节内容由《中国商品交易市场创新引领高质量发展报告》《中国商品交易市场数字化创新发展报告》整理而来，可通过前言中的联系方式联系评价院工作人员，以获取报告。

二　评价目的

商品交易市场评价的目的是把握中国商品交易市场的发展现状，分析百强市场的不足和优势所在，探索商品交易市场发展的方向，引领全国市场走创新高质量发展的道路，为搞活流通，提高流通效率，降低流通成本，方便居民生活，实现居民美好生活需要提供思路和借鉴，进而促进中国经济的高质量发展，为中国商业、中国流通强起来助力。

三　评价对象

（一）相关概念

市场起源于集市，是社会分工和商品经济发展的必然产物。社会分工越细，商品经济越发达，市场的范围和容量就越大；同时，市场在其发育和壮大过程中，也推动着社会分工和商品经济的进一步发展。随着社会分工和经济社会的发展，市场的概念和内涵不断深化，具有了以下三个不同层面的含义：一是指商品交换的场所；二是指各种市场主体之间交换关系的总和；三是指对某种或某类商品的消费需求。在这三种内涵中，"场所"是市场概念的本源和基础；"交换关系"是市场概念的社会化和泛化；而"消费需求"是泛化市场概念在营销管理领域的应用。综合市场概念的三种不同内涵，我们认为，"场所"是市场主体聚集的载体或平台，是市场形成的空间基础；"多主体聚集"是市场存在的表现形式，"交易"是市场主体聚集的目的，也是市场的核心功能；"交换关系"和"消费需求"分别是市场概念的延伸和在营销管理中的具体应用。这样，市场的本质就是基于一定的场所或空间载体，由多主体为了交易进行聚集而形成的复合型经济组织。

目前，国内不同的部门和机构对商品交易市场有不同的理解，各地政府为了管理商品交易市场也给出了不同的定义。现有的市场概念大都是从存在形式上将市场定义为交易场所、交易的场所，或者以市场定义市场。这样的定义都没有体现出商品交易市场的主体本质和交易功能。我们认为场所只是经济空间载体，不是经济组织主体，更不是法人主体或自然人主体，因而，无法反映商品交易市场的多主体性、聚集性、组织性和经济性。如果将商品交易市场理解为场所，那么必然造成市场主体的缺失和政府市场监管对象的混乱。基于此，我们认为商品交易市场是由开办主体一方提供场所或平台载体和服务，经营主体和消费主体在场所或平台载体聚集、在遵守开办方的管理规则和享受其提供服务的基础上进行合法、自主交易的复合型经济组织形式。

在将商品交易市场定义为复合型经济组织的基础上，市场主体就包括开办主体、经营主体、消费主体和服务主体等多个主体，并且各主体在组织内的定位、功能和职责明确。市场开办主体提供场所、基础设施以及管理服务，主要职能是依法为市场提供场所或平台和管理服务。经营主体聚集到场所或平台，享受开办主体提供的服务并接受管理；其主要职能是依据市场规则进行自主合法交易。消费主体是聚集到场所或平台进行自主采购的其他经营者和消费者，主要职能是采购和消费。市场服务主体是为各类市场主体提供服务、促进交易便利和顺利实现的主体，主要职能是为市场交易提供服务支撑。

（二）评价对象

百强市场备选市场的选择主要采取各省份市场监督管理局、各省份市场协会与专家推荐三种模式。市场选择方式原则上以市场自愿申报且各省份市场协会同意推荐为主，但鉴于大部分省份市场监管部门行政机构改革取消了市场协会，或者部分省份的市场协会推荐存在困难，对于协会推荐有难度的省份，暂由新设立的市场监管局下设的网监部门推荐，对于市场协会推荐和市场监管局下设的网监部门推荐均存在困难的省份，采用专家推荐方式。经过自愿申报和市场协会、网监部门或专家推荐提名、填报申报资料的市场，经项目组收集、整理进入中国商品交易市场百强测算评价库。

自愿申报及专家推荐的商品交易市场百强的单位需满足以下基本要求。市场合法依规设立，经市场监管部门及相关部门注册备案，依法合规纳税缴费。市场环境整洁有序，信息设施配置到位，基础设施配置较好，消防安全器材齐备，近三年内没有发生消防安全事故。市场管理机构健全，规章制度完备；设有投诉处置机构，争端处理满意率在98%以上；近三年无涉黑涉恶案件发生。市场内商品丰富，同业品类齐全；年交易额在100亿元以上；产业的带动能力增强，促进产业升级功能提升；市场辐射区域至少在三个省份以上；市场内商户运营规范、规模商户增加；商户诚信度高，被相关部门认定为诚信市场。

四 指标体系

（一）竞争力测算指标体系

项目组提出了基于三个层面的商品交易市场竞争力测算指标体系。第一个层面是市场吸引力，即市场的准入状况与市场的美誉度对经营商户和市场顾客的吸引能力及其带来的市场辐射范围。衡量吸引力的指标具体包括：市场准入状况，摊位租金和经营户的变化，市场的美誉度、诚信度，以及当地政府对市场的支持力度等。详见表8-4。

表8-4 市场吸引力评价指标及其释义

评价指标	指标含义
准入状况	市场对各种经营主体是否能够平等对待，是否存在地方保护
摊位租金	租金增加意味着市场交易活跃，同时，也意味着经营户的商务成本提高
经营户变化	经营户换手率高低,测算市场的经营活跃程度 新旧经营户经济实力变化,反衬市场进入门槛变化
市场美誉度	市场获得的各种奖励,即市场的声誉、口碑
市场诚信度	市场打击假冒伪劣的力度,对坑蒙拐骗的惩处力度
政府的支持力度	当地政府对市场的扶持政策、招商提升的优惠措施

第二个层面是指市场管理力，即市场管理规章制度的规范性和透明度，市场经营人员的服务意识与创新服务、营销开发市场的能力，与市场配套的物流配送能力和市场信息化服务水平，市场经营者与政府和中介机构的协调沟通能力，市场经营的基础硬件设施，经营户的经营模式与创新能力等。详见表8-5。

表 8-5　市场管理力评价指标及其释义

评价指标	指标含义
市场管理制度	市场的管理制度是否完善,是否合理,是否透明
服务意识与营销能力	市场创办者和管理者是否具有服务意识及开发与推广能力
物流配送能力与信息化服务水平	货运设施、便捷程度、仓储费用、网络配套设施、对外信息沟通、网上交易平台
与政府和中介机构的协调能力	市场创办者和管理者与当地政府、相关部门、中介机构的协调能力
市场的硬件设施	市场的结构与布局,基础设施及配套设施
商户经营模式与创新能力	经营户的实力、管理水平、自主创新能力

　　第三个层面是市场影响力,即市场的知名度和聚合力。其主要指标有商户经营状况,商户的满意度和未来信心,与市场经营相关产业的集聚状况,商品本身的影响力,市场的引导力与辐射力等。详见表 8-6。

表 8-6　市场影响力评价指标及其释义

评价指标	指标含义
商户经营状况	主要商户的经济实力,反映市场培育结果
商户的满意度和未来信心	商户对市场目前管理与服务的认可程度,商户对市场未来的预期
相关产业集聚状况	对相关产业的带动作用,增加就业的状况,社会与经济效益
商品本身的影响力	商品品牌,价格性能比
市场引导力与辐射力	该市场交易在全国同类市场中所占的市场份额;市场价格对全国同类市场的引导或者指导作用;商品流向全国的状况,本地消费/全国消费状况

　　依据上述对商品交易市场竞争力三个层面的影响因素的构成分析,分别通过对商品交易市场吸引力、管理力和影响力三个层面指标的选取和设置绘制出了商品交易市场的竞争力评价理论模型,如图 8-1 所示。

　　图 8-1 中第一个模块是市场吸引力,类似一个漏斗。重点考察市场对经

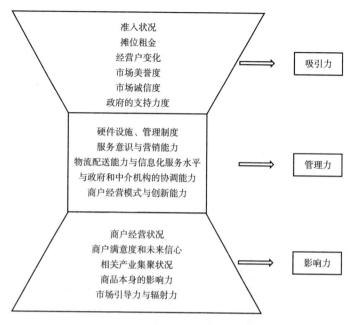

图 8-1 商品市场竞争力评价理论模型

营户、对交易双方的吸引力,观察经营户的变化。第二个模块是市场管理力,类似一个孵化场。它一方面"孵化"出新的经营户,推出较大的经营户;另一方面,又使市场不断壮大。这里包括市场的硬件和软件,既考察市场的管理水平,又涉及经营户的管理水平。第三个模块是市场影响力,类似一个喇叭。市场对外影响力包括市场聚积力、市场内商品的辐射力、价格影响力等方面。影响力与吸引力相辅相成,市场的影响力越大,其吸引力相对也越大。

（二）百强排序测算指标体系

基于商品交易市场排序的要求,依据商品交易市场竞争力测算模型,结合商品交易市场申报数据的实际情况,为了实现排序目标、保证指标量化可比,项目组对竞争力模型中的指标做了二次筛选和组合。二次筛选的基本逻辑是百强市场的规模是基础,管理力是保障,运营力是动力,培育力是体现。具体而言,市场规模是市场强的前提条件,没有规模的市场能够做精,但很难做强;市场规模越大,做强的空间越大,做强的基础越坚实。管理能力是市场做强的组织保障，管理能力越强，市场环境、市场规则、市场秩序越好，市场越繁荣、越有活力；管理能力不足，市场必然失序，很难做强。运营能力是市场做强的动力，市场运营能力越强，经济收益和社会收益越高，市场扩张的动力越大；反之，即使规模和管理能力都具备，但受运营能力的制约，做强的动力和能力也会受限。市场作为多主体的经济复合组织是各市场主体的摇篮，市场内主体成长得越快，新型主体越多，市场活力和竞争力越强，这是市场强大的综合体现；反之，市场主体成长缓慢，甚至停止成长或者萎缩，市场很难强大。总之，沿着规模—管理—运营—培育的主线，项目组提出了以规模为代表的吸引力指标；以管理人员为代表的管理力指标；以线上经营户、企业制商户等为代表的培育力指标。其中，吸引力指标包含资产规模、运营规模和交易规模 3 个二级指标。管理力包含管理人数、高级管理人数 2 个二级指标。运营力包含总收入、净利润和摊位出租率 3 个二级指标。培育力包含线上经营户数、线上就业人数、企业制商户数、规模商户数 4 个二级指标。这样构成了由 4 个一级指标和 12 个二级指标构成的商品交易市场百强测算指标体系。评价测算指标及其释义具体见表8-7。

表 8-7 商品交易市场百强排序测算指标体系

一级指标	二级指标	指标测度
吸引力	资产规模	隶属于市场开办主体的总资产（亿元）
	运营规模	市场运营面积（万平方米）
	交易规模	市场内交易额或成交额（亿元）
管理力	管理人数	市场管理人员数
	高级管理人数	市场内本科及以上管理人员数
运营力	总收入	市场开办主体总收入
	净利润	市场开办主体净利润
	摊位出租率	市场摊位出租率
培育力	线上经营户数	市场内线上经营户数
	线上就业人数	市场内线上就业人数
	企业制商户数	市场内企业制商户数
	规模商户数	市场内营收千万元以上商户数

五　评价方法和评价数据

项目组对进入评价库的商品交易市场采用重点选择和随机选择的两种方式，选取市场进行实地考察。对于选出的需要实地考察的市场，组织评审专家进行实地调研，考察市场的整体发展情况、市场发展战略及高质量创新发展思路，并重点考察目标市场的百强评价指标情况。实地调研考察后，市场考察人员结合百强测评各项指标，核实市场填报数据的真实性。如果填报数据有误或者偏差较大，考察人员与填报人员再次交流，更正数据，尽可能保证数据的客观性和真实性。

获得数据后，方可进入数据分析、排序等评价环节。排序首先需要解决可比性问题，单一指标可以直接排序，不存在可比性问题；但对于多指标综合排序，可比性是面临的首要问题。为了做不同量纲下的多指标综合比较排序，需要对各项指标进行无量纲或标准化处理。本次商品交易市场百强测算的具体做法是以推荐申报的商品交易市场中各项指标均比较完备的市场各项测算指标的平均值为标准值，各家市场各项指标的数据均与相对应指标的平均值做比较，得到去除量纲后的测算值。然后，基于各市场的测算值，按照测算值计算吸引力指标值、管理力指标值、运营力指标值和培育力指标值。接下来，将各项指标值加总，得出各家市场的综合指数值。最后，依据综合指数值按照由高到低的顺序进行排序，得到数据实测市场的综合自然排序。这就是数据实测计算出的商品交易市场综合自然排序，取其前 100，得到数据测算的商品交易市场百强榜单。

在推荐申报的商品交易市场中，针对测算数据不全的市场，召开专家评审交流会，并针对这些市场是否入围商品交易市场百强排序榜单及其排序等相关问题征求专家意见。应该入选中国商品交易市场综合排序榜单的，对这些市场的排序进行深入研讨，并依据比较法对市场在百强中的排序进行插序。经过专家经验比较穿插，得出最终商品交易市场百强综合排序榜单。

六　评价结果

2019 年，项目组在"第十一届中国商品市场峰会"上发布《中国商品交易市场创新引领高质量发展报告》，报告给出了"中国商品市场综合百强"排行榜。2021年，项目组在"第十二届中国商品市场峰会"上发布《中国商品交易市场数字化创新发展报告》。此外，两版报告聚焦数十个头部市场，以运营案例的形式分析、总结了商品交易市场经营、发展和创新的经验。①

第三节　AMI 综合评价之城市康养产业发展评价②

一　项目概况

党的十八大以来，以习近平同志为核心的党中央坚持以人民为中心，把保障人民健康放在优先发展的战略位置，发出了建设健康中国的号召，极大地推动了康养产业的蓬勃发展。近年来，山西省持续打响"康养山西、夏养山西"品牌，努力把康养产业打造成愉悦身心的幸福产业，促进转型的新兴支柱产业，推动共同富裕的重要产业。三晋大地正在成为全国重要康养目的地、京津冀养生养老"后花园"和周边省份异地养生避暑聚集地。2022年秋，"中国·山西（晋城）康养产业发展大会"举行高峰论坛，为更好地推动中国康养产业发展，特成立中国城市康养产业发展评价研究项目组。该项目组基于现实、理论、评价、产业、城市、国际、对策等多个方面，对"中国城市康养产业发展"进行了多视角分析，以助力中国康养产业未来建设。

二　评价目的

该评价的目的为推动中国城市康养产业发展。基于评价视角，项目组依据评价院创建 AMI 综合评价模型，构建涵盖城市康养产业吸引力（A）、城市康养产业管理力（M）、城市康养产业影响力（I）三大方面的中国城市康养产业发展 AMI 评价指标体系，这是 AMI 综合评价模型于经济产业领域的重要

---

① 榜单和案例等具体评价和分析结果见项目报告《中国商品交易市场创新引领高质量发展报告》和《中国商品交易市场数字化创新发展报告》。
② 本节内容根据《中国城市康养产业发展评价报告（2022）》整理而来，可通过前言中的联系方式联系评价院工作人员，以获取此报告。

尝试，为多维度、广视角地评价分析中国城市康养产业发展现状提供科学依据。

三　评价对象

（一）相关概念

在经济学中，"产业"（industry）是指由具有某些相同特征的企业组成的集合，即这些企业在所投入的生产要素、所采用的工艺技术或所提供的产品（货物和服务）用途等方面存在共通之处，它们构成界定具体产业概念的基础。康养产业兴起晚、涉及广、研究少，故导致其在现实中易辨别，在理论中却难概括，因此目前各界尚未对康养产业概念形成清晰一致的准确定义。根据现有文献从词义解析和产业特征等角度对康养产业做出的概念界定，可以认为康养产业与健康产业、养老产业和养生行业密切相关。项目组通过研究认为，康养产业是一个覆盖全人群、全生命周期的全产业链概念，指以维护、改善和促进人民群众的全方位、全周期健康，提高人生各阶段的生活质量，最终实现全民健康长寿、乐享美好人生为目的，以医疗卫生、生命科学、生物技术、生态环境与人工智能等为基础，利用医疗技术、生物技术等社会资源，能源气候、食材药材等自然资源，以及人文景观、民情土俗等文化资源，开展的与全民健康和养老需求直接或密切相关的产品生产、服务提供及信息传播等遍布全产业链的活动的总和。

（二）评价对象

项目组参照中国城市康养产业发展 AMI 评价指标体系，综合考察指标体系中各个维度及指标的现实表现，从中国 333 个地级行政区（293 个地级市、7 个地区、30 个自治州、3 个盟）中选取 137 个具有代表性的地级行政区作为项目组主要研究对象。这些地级行政区来自我国 27 个省（区），分布于东部地区（49 个）、中部地区（31 个）、西部地区（40 个）和东北地区（17 个）。详见图 8-2。

需要说明的是，根据研究设计，尽管北京市、天津市、上海市、重庆市 4 个直辖市以及港澳台地区未被包含在该次评价对象中，但上述地区在发展

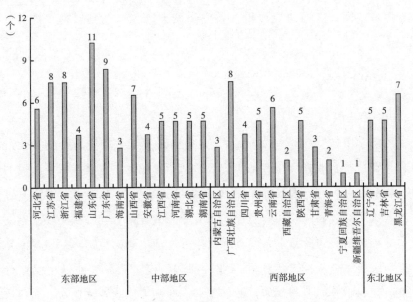

图 8-2　评价对象区域分布情况

康养产业方面也进行了有益探索。例如，上海市崇明区将活力新康养产业作为"五新"生态产业的重要组成部分，举全区之力打造充满活力的"健康长寿岛"。上海市浦东新区 2020 年印发了《浦东新区深化养老服务实施方案》，近年来持续完善体系化推进高质量发展的"大城养老"浦东样板。

四　评价指标体系

基于国内外产业评价经典理论、康养产业发展现状以及评价院深耕评价领域的丰富经验，借鉴吸收现阶段具有代表性的相关评价指标，项目组构建起涵盖城市康养产业吸引力（A）、城市康养产业管理力（M）、城市康养产业影响力（I）三大方面若干个具体子指标的"中国城市康养产业发展 AMI 评价指标体系"。其中，城市康养产业吸引力（A）好似漏斗，显示一个城市的外在声誉，以及由此对外界产生的吸引能力；城市康养产业管理力（M）好似孵化器，展示一个城市内部的运作能力，即反映内部治理水平支撑康养产业高质量发展的能力；城市康养产业影响力（I）好似喇叭，向外展示一个城市康养产业在国内以及全球范围内经济领域、社会领域等产生的影响力。上述三种

"力"之间，影响力越大，则越能反哺吸引力；吸引力越强，则越会吸引到数量更多、质量更优的各类资源用于强化管理力；管理力越强，则越有助于提升影响力；三种"力"之间相互作用，共同推动当地康养产业的发展。

（一）吸引力（A）及其指标

城市康养产业吸引力是指一个城市凭借其外在声誉、资源禀赋、口碑评价等吸引目标群体进行康养消费的能力。其中，外在声誉包括在国际以及国内获得的具有较大影响力的各类奖项。资源禀赋既包括区位特点、交通通达性、空气质量、水质优良程度、绿化植被等自然条件，也包括拥有的历史名胜、非物质文化遗产等人文资源。城市口碑包括由第三方、消费者、领域专家等对城市综合经济竞争力、可持续竞争力、消费满意度、康养相关产业发展水平等的全方位评价。由此，形成了涵盖城市声誉、自然环境、人文环境、口碑评价4大方面10个三级指标的城市康养产业吸引力评价指标体系。

（二）管理力（M）及其指标

城市康养产业管理力是指一个城市利用当地各类资源开展内部治理的水平，以及由此对康养产业高质量发展提供支撑的能力。项目组引入"波特钻石模型"，即包括要素条件，需求条件，相关和支持产业，企业战略、结构与竞争状态4个主要因素，以及政府和机遇2个辅助因素，上述6个因素之间相互影响，共同构成一个具有竞争力的形态。

项目组结合康养产业特点进行调整，将城市康养产业管理力分为康养产业要素、需求条件、相关产业支撑、产业战略定位及特色、政府治理、潜在机会6大维度。（1）"康养产业要素"是指发展康养产业而投入的人、财、物等相关要素，具体包括医护人员等人力投入，政府基金、社会融资等资金投入，医院、床位等基础设施投入，以及相关技术投入。（2）"需求条件"是指拉动康养产业发展的各类需求因素。项目组将老龄化加剧带来的养老需求，以及人们健康水平提升带来的养生保健需求作为主要需求来源纳入考评之中。（3）"相关产业支撑"是指和康养产业发展相关的上、下游产业以及其他相关产业的竞争优势。考虑到康养产业是农业、制造业、服务业等多个产业融合产生的新业态，因此将第一、二、三产业间融合度、服务业发展水平等作为支撑康养产业发展的相关产业进行考评。(4)"产业战略定位及特色"是指康养产业发展的战略定位、总体目标、主要任务、组织管理方式等,项目组将当地"十四五"经济社会发展规划、"健康 2030"规划等相关规划中是否对康养产业发展的战略定位、总体目标等进行清晰设定作为判断依据。(5)"政府治理"是指政府为康养产业发展所架构的制度政策环境、营商环境等外部环境。项目组将康养产业发展规划制定、组织领导模式、政策支持等情况以及面临的营商环境纳入评价之中。(6)"潜在机会"是指尚未满足和完全满足的且具有购买力的康养消费需要。当地接待入境及国内游客特别是过夜游客的旅游竞争力、居民消费结构高级化程度、居民进行健康商业参保和体育锻炼的意愿等,均可能产生相应的康养需求,故将上述因素作为潜在机会纳入考评之中。由此,项目组形成了涵盖康养产业要素、需求条件、相关产业支撑、产业战略定位及特色、政府治理、潜在机会 6 大方面 17 个三级指标的城市康养产业管理力评价指标体系。

(三) 影响力 (I) 及其指标

城市康养产业影响力是城市康养产业发展水平及效果的直接表现,是吸引力和管理力综合作用的结果,向外展示着城市康养产业在国内以及全球范围内经济领域、社会领域等产生的影响力。其中,经济影响力表现在城市康养产业发展带动了当地健康服务业、医药制造业、大健康行业的发展,产生了直接的经济效益;同时,随着上述产业增加值在经济总量中占比以及对GDP 增长率贡献的提高,也带动了当地经济结构转型。社会影响力表现在发达的康养产业能够提供优质的养老、养生服务,提高人们的健康水平,促进人们形成健康的生活方式;同时,相关产业的发展也能够带动当地就业。国际影响力表现在康养产业在全球范围内享有较高知名度和认可度,并能够吸引国际客户进行康养消费,吸引国外投资进入康养等相关领域。由此,项目组形成了涵盖经济影响力、社会影响力、国际影响力 3 大方面 9 个三级指标的城市康养产业影响力评价指标体系。

综上所述,项目组构建起涵盖城市康养产业吸引力 (A)、城市康养产业管理力 (M)、城市康养产业影响力 (I) 3 个一级指标、13 个二级指标、36 个三级指标和 57 个四级指标的"中国城市康养产业发展 AMI 评价指标体系",详见表 8-8。

表8-8　中国城市康养产业发展 AMI 评价指标体系

一级指标 （3个）	二级指标 （13个）	三级指标 （36个）	四级指标 （57个）	指标说明	数据来源及备注
吸引力（A）	城市声誉	国际奖项	获得"国际花园城市"、"全球绿色城市"（全球人居环境）、"美食之都"称号情况	如"无"填写"0"；其他按实际获奖数量填写	"国际花园城市"获奖榜单、"全球绿色城市"获奖榜单、"美食之都"榜单
		国内奖项	获得国家、有关部委荣誉称号情况	如"无"填写"0"；其他按实际获奖数量填写	经党中央、国务院批准保留，由中央国家机关部门组织评选表彰的城市荣誉称号，包括"全国双拥模范城"、"国家卫生城市"、"全国绿化模范城市"、"国家生态园林城市"、"国家环境保护模范城市"、"中国人居环境综合奖"、"国土资源节约集约模范市"、"全国无偿献血先进市"、"全国无障碍建设城市"、"全国科普示范市"等荣誉称号
		省级奖项	获得省级荣誉称号情况	如"无"填写"0"；其他按实际获奖数量填写	项目组自行收集相关信息
	自然环境	区位优势	是否设有机场	如"无"填写"0"；其他按建成的实际数量填写	政府相关部门网站
			高铁设站情况	如"无"填写"0"；其他按建成的实际数量填写	政府相关部门网站
			年末实有城市道路面积（万平方米）		中国城市统计年鉴
			城市交通情况（国道、省道长度）		政府相关部门网站

续表

一级指标 (3个)	二级指标 (13个)	三级指标 (36个)	四级指标 (57个)	指标说明	数据来源及备注
	人文环境	自然环境	城市空气质量优良天数比例(%)		各市国民经济和社会发展统计公报等
			水质优良比例(%)		各市国民经济和社会发展统计公报等
			建成区绿化覆盖率(%)		中国城市统计年鉴
		非物质文化遗产	非物质文化遗产(个)	如"无"填写"0";其他按实际数量填写	中国各省份非物质文化遗产名录,各省份统计年鉴
		历史名胜	国家级风景名胜区(个)	如"无"填写"0";其他按实际数量填写	国家级风景区名单
		第三方评价	城市综合经济竞争力指数		中国社会科学院欧经战略研究院《城市竞争力报告》
			城市可持续竞争力指数		中国社会科学院财经战略研究院《城市竞争力报告》
			健康城市建设样板市名单	入选"样板市名单"填写"1",如"无"填写"0"	全国爱卫办2020年度全国健康城市建设评价结果
	口碑评价	消费者口碑	消费者满意度(分)		中消协《2020年100个城市消费者满意度测评报告》
		专家评价	康养产业发展评价(分)		项目组问卷调查结果
管理力(M)	康养产业要素	人力投入	每千人执业(助理)医师数(人)		中国城市统计年鉴
		资金投入	政府专项资金(万元)	如"无"填写"0";其他按实际数额填写	市长工作报告,政府相关部门网站等
			大健康产业融资金额(亿元)		行业咨询报告等
		基础设施投入	每千人医院数(个)		中国城市统计年鉴
			每千人医院床位数(个)		中国城市统计年鉴
		技术投入	数字经济发展水平(分)		赛迪顾问"2021中国数字经济城市发展百强榜"

续表

一级指标 （3个）	二级指标 （13个）	三级指标 （36个）	四级指标 （57个）	指标说明	数据来源及备注
	相关产业支撑	服务业发展水平	第三产业占地区 GDP 比重（%）		中国城市统计年鉴
		产业融合度	第一、二、三产业融合度		项目组自行测算
		康养产业成熟度	基于产业生命周期的康养产业成熟度	根据产业实际发展情况，对所处阶段（初创阶段、成长阶段、成熟阶段、衰退阶段）进行判断	项目组自行判断
	需求条件	老龄化水平	65 岁及以上老年人口占比（%）		地方统计局，政府相关部门网站
		健康水平	人均预期寿命（年）		地方统计局，政府相关部门网站
	产业战略定位及特色	产业战略定位及特色	"十四五"经济社会发展规划、"健康 2030"规划等相关规划中是否有康养产业清晰定位	如"无"填写"0"；其他按实际情况填写	政府相关公开资料等
	政府治理	康养产业发展规划制定	是否有专门的康养产业发展规划	如"无"填写"0"；其他按实际情况填写	政府相关公开资料等
		组织领导模式	是否有专门的康养产业发展领导小组	如"无"填写"0"；其他按实际情况填写	政府相关公开资料等
		康养产业发展政策支持	是否有康养产业发展的相关支持政策	如"无"填写"0"；其他按实际情况填写	政府相关公开资料等
		营商环境	营商环境发展水平	按实际入选领域"标杆城市"数量填写，如"无"填写"0"	国家发改委《中国营商环境报告》

续表

一级指标（3个）	二级指标（13个）	三级指标（36个）	四级指标（57个）	指标说明	数据来源及备注
影响力（I）	潜在机会	旅游竞争力	接待国际及国内游客（人次）		各市国民经济和社会发展统计公报等
			接待入境及国内过夜游客（人次）		中国旅游统计年鉴
		消费结构	居民人均可支配收入（元）		市统计局等
			教育文化娱乐消费支出占居民人均消费支出比重（%）		市统计局等
		康养意识	健康保险（商业）参保率（%）		项目组自行收集相关信息
			公共体育馆数量（个）		中国城市统计年鉴
	经济影响力	康养产业直接经济效益	健康服务业总规模（万亿元）		各地"健康2030"规划等
			医药制造业工业总产值（亿元）		各地"健康2030"规划等
			康养产业（或大健康）行业引进投资（亿元）		项目组自行收集相关信息
		带动经济转型效果	康养（或大健康）行业上市公司数量（龙头企业）（个）		观察指标
			康养（或大健康）产业增加值占GDP比重（%）		观察指标
			康养（或大健康）产业对GDP增长的贡献率（%）		观察指标
	社会影响力	康养产业	人均住养型养老机构数（床位数）		各市国民经济和社会发展统计公报等
		服务效果	吸引本省康养人次		观察指标
			吸引外省康养人次		观察指标

续表

一级指标 （3个）	二级指标 （13个）	三级指标 （36个）	四级指标 （57个）	指标说明	数据来源及备注
		康养产业 促进健康 生活效果	居民健康素养水平（%）		各地"健康2030"规划等
			经常参加体育锻炼的人数 （亿人）		各地"健康2030"规划等
			青少年学生每周参与体育 活动的强度（%）		各地"健康2030"规划等
		康养产业 提升健康 水平效果	城乡居民达到《国民体质测定 标准》合格以上的人数比例 （%）		各地"健康2030"规划等
			学生体质健康标准达标 优秀率（%）		各地"健康2030"规划等
国际 影响力		带动就 业效果	康养（或大健康）产业带动 当地就业人员数		观察指标
		康养服务 影响力	吸引国际康养人次		观察指标
		经济效益	康养（或大健康）行业吸引 国外投资（亿元）		观察指标
		口碑评价	康养（或大健康）行业获得的 国际荣誉（个）		观察指标

五　评价方法和评价数据

对照中国城市康养产业发展 AMI 评价指标体系，从多个渠道收集上述 137 个地级行政区对应 57 个三级指标的相关事实数据，综合采用定性与定量评价手段，对 137 个地级行政区的康养产业吸引力、康养产业管理力、康养产业影响力以及康养产业整体水平进行比较评价，并进行五个"星级"的划档。①

其中，评价过程中主要运用到以下几种方法。

一是问卷调查法。项目组依托评价院平台，面向全国 31 个省（区、市）开展"中国城市康养产业发展评价"问卷调查，邀请问卷填答者从中国 333 个地级行政区（293 个地级市、7 个地区、30 个自治州、3 个盟）中选出其最为熟悉的 20 个，并根据其对所选地区康养产业发展情况的总体感受，进行优、良、中、一般、差五个等级的评价。此次问卷调查共收回有效问卷 335 份，为更加全面、真实地反映我国城市康养产业发展现状提供了支撑。

二是专家评价法。项目组根据研究需求邀请相关领域专家，依据汇总收集的信息及资料对城市康养产业发展某些方面以及整个康养产业发展情况进行评价打分。其中，外部核心专家来自政府部门、学术机构、相关投资机构等，且每个省（区、市）至少有两位核心专家参加，形成了较为广泛的专家群。

三是采用官方权威评价结果。项目组在评价过程中，引入国家、有关部委等官方评比结果，如全国爱卫办公布的"全国健康城市建设评价"、中消协"城市消费者满意度测评"等，以提高评价结果的权威性。

四是借鉴具有较大影响力的"第三方"评价结果。项目组在评价过程中，借鉴社科院财经战略研究院《城市竞争力报告》、赛迪顾问"2021 中国数字经济城市发展百强榜"等具有较大影响力的智库评价结果，从而使评

---

①　从高到低，依次为五星级★★★★★、四星级★★★★、三星级★★★、二星级★★、一星级★。

价结果更加全面和客观。

五是客观评价法。项目组从公开统计资料，如《中国城市统计年鉴》、各省（区、市）统计年鉴、国民经济和社会发展统计公报等，对相关指标数据进行收集和整理，并根据需要对部分指标进行自行统计和测算，为城市康养产业发展评价提供客观依据。

六 评价结果

其一，项目组首先对中国城市康养产业发展总体水平进行评价分析。在AMI总体水平评价上，依据测算结果，筛选出27个省级行政区共计137个代表性城市进行城市康养产业AMI总体水平评价，发现：中国城市康养产业发展水平有较大提升潜力；城市康养产业发展水平呈现东部稍强，中部和东北偏弱，西部城市间的发展不均衡现象；省域星级分布呈现一星级与五星级相对集中、二星级至四星级相对分散的现象，各省域内部参与评级的城市中，二星级和三星级城市占比稍大，说明各省域内部康养产业发展水平尚有提升空间。在AMI分力水平评价上，中国城市康养产业AMI总体水平、吸引力水平、管理力水平和影响力水平均呈现"橄榄型"，中、低星级城市偏多。相比之下，康养产业管理力水平比吸引力水平和影响力水平稍弱，表现为整体上缺乏对康养产业的有效管理，但康养产业吸引力水平和影响力水平整体上也偏弱，三个分力水平的偏弱表现最终体现为城市康养产业AMI总体水平不强。

其二，课题组依次对城市康养产业吸引力、管理力和影响力进行评价分析。从中国城市康养产业吸引力、管理力和影响力的整体、分省和地区分布情况等方面呈现城市康养产业评级结果及分布样态，并依次深入分析各受评城市在康养产业吸引力、管理力和影响力评价指标方面的整体情况，最后根据中国城市康养产业评级与各指标表现，提出提升其康养产业吸引力、管理力和影响力的建议。[1]

---

[1] 评价结果详见项目报告《中国城市康养产业发展评价报告（2022）》。

结　语

AMI 综合评价理论不是提供一个万能的评价模板，它根本上体现的是一种评价思维和评价逻辑，旨在为哲学社会科学评价提供一个新的思路。尽管目前的实践已初步验证了 AMI 综合评价理论在哲学社会科学领域具有一定的灵活适用性，但总的来看，作为"年轻且稚嫩"的"理论"，AMI 综合评价在学理上仍存在值得进一步琢磨、思考和明确的基础性问题，实践中也存在有待探索和解决的现实性问题。对于学术评价以及更为宏大的哲学社会科学评价，今后的研究及其应用之路更是任重而道远。尤其在"破五唯"这一评价环境和背景下，仅明确"破什么"是远远不够的，"如何破"、"立什么"而又"怎么立起来"是更值得投入精力和心力慎重深思的问题，也是评价工作者共同的努力方向。评价理论研究、评价实践发展可能道阻且长、迷雾重重。能够明确的一点是，评价理论研究者和评价实践者要坚持以马克思主义为指导，根植于新时代的伟大实践，把握时代机遇，实事求是，锐意探索。我们应努力构建属于自己的、适合自身的并能够切实助力加快构建中国特色哲学社会科学体系的自主评价体系。

图书在版编目（CIP）数据

中国哲学社会科学 AMI 综合评价理论／王雪峰，邵艳
芳著 . --北京：社会科学文献出版社，2023.12
ISBN 978-7-5228-2520-5

Ⅰ.①中⋯　Ⅱ.①王⋯　②邵⋯　Ⅲ.①哲学社会科学
-研究-中国　Ⅳ.①C12

中国国家版本馆 CIP 数据核字（2023）第 179947 号

中国哲学社会科学 AMI 综合评价理论

主　　审／荆林波
著　　者／王雪峰　邵艳芳

出 版 人／冀祥德
责任编辑／史晓琳
文稿编辑／贾全胜
责任印制／王京美

出　　版／社会科学文献出版社·国际出版分社（010）59367142
　　　　　　地址：北京市北三环中路甲 29 号院华龙大厦　邮编：100029
　　　　　　网址：www.ssap.com.cn
发　　行／社会科学文献出版社（010）59367028
印　　装／三河市龙林印务有限公司

规　　格／开　本：787mm×1092mm　1/16
　　　　　　印　张：11.75　字　数：180 千字
版　　次／2023 年 12 月第 1 版　2023 年 12 月第 1 次印刷
书　　号／ISBN 978-7-5228-2520-5
定　　价／128.00 元

读者服务电话：4008918866